에듀윌을 선택한 이유는 분명합니다

3년 연속 취업 교육
1위

~직 증가
2,557%

취업 교재 누적 판매량
180만부

베스트셀러 1위 달성
1,824회

에듀윌 취업을 선택하면
합격은 현실이 됩니다.

누적 판매량 180만 부 돌파*
베스트셀러 1위 1,824회 달성*

공기업, 대기업, 취업상식
수많은 취준생이 선택한 합격 교재

공사 공단 NCS 베스트셀러 1위 　　　삼성 GSAT 베스트셀러 1위 　　　취업상식 85개월 베스트셀러 1위

더 많은
에듀윌 취업 교재

에듀윌 취업 전 교재*
동영상 강의 무료

교재 연계 맞춤형 강의가 무료

이시한의 적중 최신 월간NCS 특강

IBK기업은행 기출변형 문제풀이 무료특강

LG인적성 기출유형 무료특강

국민건강보험공단 2020년 9월 시행 기출복원 (법률) 주요문제 무료특강

지역농협 6급 대표유형 문제풀이 무료특강

LH 한국토지주택공사 기출복원 모의고사 주요 문제풀이 무료특강

2020년 9월 시행 국민건강보험공단 기출복원 모의고사 주요 문제풀이 무료특강

5대 철도공사/공단 NCS 주요 문제풀이 무료특강

대기업 인적성 수리·추리 영역 대표유형 무료특강

한국수력원자력+5대 발전회사 PSAT형/피듈형 주요 문제풀이 무료특강

롯데 L-Tab 실전모의고사 문제풀이 무료특강

한국수자원공사 기출복원 모의고사 주요 문제풀이 무료특강

국민건강보험공단 NCS 대표기출 유형 문제풀이 무료특강

2020년 10월 시행 한전 기출변형 모의고사 주요 문제풀이 특강

공기업 NCS 통합 PSAT형/모듈형 주요 문제풀이 무료특강

GSAT 기출변형 무료특강

면접관이 말하는 NCS 자소서와 면접 전기 직렬 무료특강

면접관이 말하는 NCS 자소서와 면접 사무행정 직렬 무료특강

2020년 7월 시행 부산교통공사 기출복원 모의고사 주요 문제풀이 무료특강

NCS 입문자를 위한, 최소 시간으로 최대 점수 만들기 무료 특강

2020년 10월 시행 코레일 기출복원 모의고사 주요 문제풀이 무료특강

한국전력공사 최신기출복원 모의고사 풀이 무료특강

이시한의 NCS 모듈형 완전정복 무료특강

PSAT형 NCS 자료해석 문제풀이 무료특강

끝까지 살아남는 대기업 자소서 무료특강

6대 출제사 빈출유형 무료특강

SKCT 최신 기출분석 무료특강

GSAT 개념 완성 무료특강

코레일 NCS 대표 기출유형 문제풀이 무료특강

NCS 10개 영역 기출유형 무료특강

이 교재 강의 월간NCS 무료특강(2강)

| 수강 경로

에듀윌 홈페이지 (www.eduwill.net) 로그인	▶	공기업/대기업 취업 클릭	▶	무료특강 클릭

무료특강 수강신청

※ 강의는 매달 25일에 월별로 오픈 예정이며, 강의명, 오픈일자, 강의 수 등은 변경될 수 있습니다.

모바일 OMR
자동채점&성적분석 무료

정답만 입력하면 채점에서 성적분석까지 한번에!

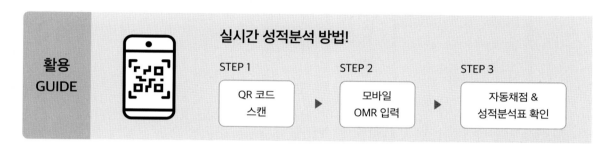

활용 GUIDE

실시간 성적분석 방법!

STEP 1
QR 코드 스캔

▶

STEP 2
모바일 OMR 입력

▶

STEP 3
자동채점 & 성적분석표 확인

STEP 1

교재 내 QR 코드 스캔

- 교재 내 QR 코드를 모바일로 스캔 후 에듀윌 회원 로그인
- QR 코드 하단의 바로가기 주소로도 접속 가능

STEP 2

모바일 OMR 입력

- 회차 확인 후 '응시하기' 클릭
- 모바일 OMR에 답안 입력
- 문제풀이 시간까지 측정 가능

STEP 3

자동채점 & 성적분석표 확인

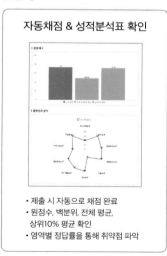

- 제출 시 자동으로 채점 완료
- 원점수, 백분위, 전체 평균, 상위10% 평균 확인
- 영역별 정답률을 통해 취약점 파악

응시내역 통합조회

에듀윌 문풀훈련소 또는 puri.eduwill.net

공기업·대기업 취업 클릭 → 상단 '교재풀이' 클릭 → 메뉴에서 응시내역 확인

※ '모바일 OMR 자동채점&성적분석' 서비스는 교재마다 제공 여부가 다를 수 있으니, 교재 뒷면 구매자 특별혜택을 확인해 주시기 바랍니다.

에듀윌 월간NCS와
#매달 #소통해요

공기업 취업 정보, 무엇이 궁금한가요?
이달의 취업에서 보고 싶은 주제,
꼭 다뤄주었으면 하는 기업을 알려 주세요.

공기업 NCS, 어떤 것이 더 필요한가요?
NCS 문항의 난이도, 영역, 유형, 희망 기업
문항 등에 대한 의견을 보내 주세요.

월간NCS에 대한 여러분의 생각을 들려주세요.
보내 주신 소중한 의견을 바탕으로 매달 더욱 발전하겠습니다.

설문조사 참여 시

스타벅스 아메리카노 + 공기업 취업 자료PDF 증정

공기업 NCS 자료 PDF **(참여자 전원)** 해당 월 마지막 주 메일 일괄 발송	**스타벅스 아메리카노 Tall** **(매월 1명)** 해당 월 마지막 주 개별 연락

설문조사
바로가기

※ QR 코드 스캔 또는 홈페이지(http://eduwill.kr/crdF) 접속

※ 상위의 이미지는 이해를 돕기 위한 예시 이미지입니다.

매달 만나는 최신 취업 트렌드

에듀윌 공기업
월간
NCS

2021년 1월, NCS 학습서의 새로운 패러다임을 제시한 월간NCS가
2022년, 더 강해지고 더 새로워진 월간NCS 개정증보판으로 새 출발을 합니다.

트렌디한 취업 정보로 꽉 찬 이달의 취업!
매월 취업 전문가들이 분석한 가장 최신의 공기업 취업 이슈를 재미나게 풀어 드리겠습니다.

더욱 더 알찬 공기업 NCS 최신기출로 매월 특집호 구성!
가장 반응이 뜨거웠던 주요 공기업 최신기출을 대폭 강화하여 최상의 실전 감각을 유지해 드리겠습니다.

매월 달라지는 콘텐츠와 표지로 소장욕구 자극!
올해의 컬러로 선정된 VERY PERI 톤의 포인트 컬러를 시작으로,
매월 표지에 색색의 포인트 컬러를 더하여 콘텐츠에 대한 만족뿐 아니라
수집했을 때의 만족까지 책임지겠습니다.

월간NCS와 함께한다면 여러분은 실전에서 분명 앞서갈 수 있습니다.
매월 기다려지는 월간NCS,
앞으로도 많은 기대 부탁드립니다.

올해의 컬러 VERY PERI

VERY PERI는 신뢰감 있는 블루 컬러 계열과 보랏빛의 붉은 기조를 섞었다. 붉은 보랏빛과 푸른 색조가
스며든 색상은 용감한 창의성과 상상력 있는 표현을 격려하는 활기차고 역동적인 존재감을 보여 준다.

CONTENTS

HOT **이달의 취업**   매달 만나는 채용 트렌드

Ⅰ NCS 영역별 최신기출   통합채용 기출 변형 30제

Ⅱ NCS 실전모의고사

통권 제13호 2022. 01

펴낸곳 (주)에듀윌 **펴낸이** 이중현 **출판총괄** 김형석

개발책임 김기임, 윤은영 **개발** 심재은, 백미경 **디자인 책임** 김소진 **디자인** 장미례, 석지혜, 이지현

주소 서울시 구로구 디지털로34길 55 코오롱싸이언스밸리 2차 3층

대표번호 1600-6700 **등록번호** 제25100-2002-000052호

이/시/한/의

취준진담

취업을 준비하는 사람들을 위한 진솔하고 담백한 이야기

글쓴이 | 이시한(성신여대 겸임교수)

NCS공부에서 1 1월이 갖는 의미는?

1월은 왠지 모르게 여유롭다. 1년 열두 달을 일주일이라고 가정하면 1월은 마치 금요일 같은 느낌이다. 1월에는 각 기업의 채용 공고도 쉬엄쉬엄 난다. 특히 공채 같은 경우는 더욱 그러하다. 그래서 어찌되었든 취업을 준비하는 입장에서는 당장 서류를 준비해야 하는 곳이 없으니 약간의 여유가 생길 수 있는 달이 1월이다.

NCS의 기본부터
차곡차곡 준비할 수 있는 1월

'여유'가 생기는 1월에는 무엇을 하는 것이 좋을까? 1월은 필기시험을 기본부터 준비하는 달로 정리할 수 있다. 공기업 채용의 핵심은 필기시험에 있다. 서류 전형이나 면접 전형에 비해 필기시험의 경쟁률이 높기도 하고, 필기시험에서 떨어진 경험이 많다 보니 체감상 어려움이 제일 많이 느껴지기도 한다. 필기시험이 당장 3주 앞으로 다가 온 상황을 가정해 보자. 이 시기에 NCS를 기본부터 차근차근 학습하기에는 마음이 너무 불안하다. 그래서 공채가 한창 진행 중이고, 여기저기 원서를 넣고 있을 때는 자꾸 문제 풀이를 반복하거나 실전모의고사만 풀게 된다. 여기서 문제는 이렇게 하면 실력 향상이 어렵다는 것이다. 실제 시험의 감을 유지하기 위해 계속 문제를 푸는 것이 효과적이라고 마음의 위안을 삼기도 하지만, 안정적으로 60점대의 점수를 유지하는 것은 의미가 없다.

정체되어 있던 구간을 넘어서 점수를 향상시키기 위해서는 문제 푸는 방식 자체를 바꾸어야 한다. 하지만 문제 풀이 방식을 바꾼다는 것은 원래 본인이 가지고 있던 시험에 대한 고정관념과 상식을 깨는 것이나 마찬가지로, 혼자서 하기에는 무리가 있다. 그래서 인터넷 강의를 듣는다든가 기본서를 처음부터 차근차근 공부한다든가 하는 외부의 도움이 있어야 한다. 이러한 과정을 통해야 문제 풀이 방식을 근본적으로 재설계할 수 있고, 궁극적으로 시험 점수가 오르게 된다.

그러나 본인이 평생 고수해왔던 문제 풀이 방식을 바꾼다는 것은 막상 쉽지가 않다. 새로운 방법을 익히는 데 시간도 오래 걸리고, 풀이 방식을 바꾸었다가 오히려 더 낮은 점수가 나오면 어떻게 하나 하는 걱정도 앞서기 때문이다. 하지만 장기적인 관점에서 문제 풀이 방식에 변화를 주어야 한다면, '기본부터 차근차근 문제 풀이 방식을 재설계하라.'는 이야기가 그나마 가장 현실감 있게 다가올 때가 1월이다. 2월경에 공채를 시작하는 경우가 많으니, 이렇게 시간적 여유가 있을 때 본인의 문제 풀이 방식을 점검하고, 필요하다면 문제 풀이 프로세스 자체를 재설계해야 한다.

2021

기본서 학습을 건너뛰도록
유혹하는 걸림돌

필기시험을 기본부터 준비하는 데 가장 큰 걸림돌은 기본서라는
타이틀이다. 한 번이라도 실제로 NCS 시험을 치른 경험이 있는 학습
자들은 본인이 초심자가 아니기 때문에 기본부터 학습할 필요가 없다
고 생각하는 경우가 있다. 기본서라는 책을 들고 다니고, 기본 강의를 보는 것
을 조금 창피하다고 생각하는 사람도 있다. 그러나 다른 사람들은 누가 어떤 공부를 하
는지 크게 관심을 갖지 않는다. 본인의 공부에 남의 시선을 끌어들일 필요가 없다.

결국 기본서를 학습하지 않는 것은 본인의 의식 문제이다. 기본은 다 알고 있으니 기초부터 다시 다
질 필요가 없다고 스스로 생각하고 있는 것이다. 하지만 정말로 그 정도의 단계라면 이미 필기시험에
합격했어야 한다.

필기시험을 기본부터 준비한다는 게 기본서를 학습하며 기존 문제 풀이 방식을 모두 다 바꾸라는 의
미는 아니다. 기본부터 점검하면서 필요한 부분을 다시 공부하고 바꾸라는 것이다.

일례로 수리능력의 자료해석 문제에서 풀이 시간이 턱없이 부족하다면, 자료에 접근하는 방법을 바꿔
본다. 자원관리능력에서 시간, 인적자원, 물적자원 등을 따지는 문제에 눈앞이 깜깜해지는 사람이라면
본인의 문제 풀이 방식 말고 시간을 단축할 수 있는 방법을 찾아봐야 한다.

2022년을 위한 효과적인 NCS 학습 스케줄

따라서 1월에는 기본서를 학습하고, 2월에는 문제 풀이 및 실전모의고사를 학습하는 프로세스로 준비하는 것을 추천한다. 보통 3월에 필기시험이 본격적으로 시작되기 때문이다. 이때 중요한 것은 문제 풀이 단계이다. 문제 풀이는 그냥 문제를 푸는 것이 아니라, 본인이 기본서를 보면서 익힌 새로운 문제 풀이 방법을 실전 문제에 적용해보면서 몸에 익히는 시간이다. 그러므로 시간에 쫓겨 가며 하기보다는 문제에 새롭게 알게 된 문제 풀이 방식을 정확히 적용하는 데 더 신경을 써야 한다. 그냥 문제를 푸는 데 그치지 않고, 문제 풀이 방식을 적용하는 시간이라는 의식을 가지고 풀어야 문제 풀이 시간이 효과적이다.

실전모의고사를 풀기 시작할 때는 이미 문제 풀이 방식을 익힌 상태여야 한다. 실전모의고사를 풀면서 '이 문제는 어떻게 풀어야 할까?'를 궁금해 하면 안 된다. 실전모의고사는 '문제'가 아닌 '시험' 자체에 집중해야 한다. 예를 들어 문제 풀이 기간에는 자신 없는 문제를 만났을 때 새로운 요령을 접목해서 어떻게든 빠른 시간 내에 정확하게 풀기 위해 노력해야 한다면, 실전모의고사를 풀이하는 기간에 그런 문제는 과감하게 패스하는 것이 좋다. 문제 푸는 스킬을 익히는 것이 아니라 시험 보는 스킬을 익히는 기간이기 때문이다.

만약 NCS를 처음 시작하고, 상반기보다 하반기 채용을 노리는 학습자라면 기본 공부의 시간을 조금 더 길게 잡아도 좋다. 하지만 기간을 길게 잡는다고 하여 NCS를 학습하는 방법이 기간이 짧은 학습자와 다른 것은 아니다. 기본을 통해 문제를 풀어 가는 방법을 재설계하고, 그것을 문제 풀이를 통해 체득한 후에, 실전모의고사로 시험 보는 스킬을 익힌다. 본인의 페이스를 잃지 않는 선에서 상반기에 여기저기 지원하며 문제 풀이와 실전모의고사 기간을 실전으로 단련해도 무방하다. 단, 코앞에 시험이 닥쳤다고 잘못된 문제 풀이 방식을 익히는 우를 범하면 해당 습관이 고착되어 점수가 애매하게 고정되어 버릴 수도 있으므로 반드시 본인의 페이스를 유지하는 것이 중요하다.

위드 코로나 원년이라고 할 수 있는 2022년이다. 움츠렸던 경제가 돌아가기 시작하고, 채용 역시 2021년보다는 활기를 띨 것으로 전망된다. 그래서 2022년은 굉장한 기회와 희망이 기다리는 한 해가 될 수 있다. 기대감을 가지고, 그리고 그 기대감에 걸맞은 노력으로 2022년을 맞이하기를 바란다.

채용 비시즌을 대비하는 우리의 자세

cheer up! 취업

글쓴이 | 윤은영(에듀윌 취업연구소 연구원)

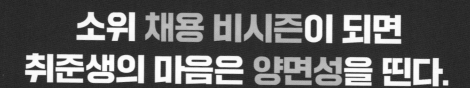

소위 채용 비시즌이 되면
취준생의 마음은 양면성을 띤다.

빨리 채용 시즌이 돼서 정신없이 자기소개서를 작성하고 필기시험을 보러 다니고 싶은 마음이 들기도 하지만, 다른 한편으로는 잠시나마 자신을 돌이켜보고 보강할 부분을 찾으며 이후 진행될 채용 시즌을 대비하고 싶은 마음이 들기도 한다. 채용 비시즌에 가장 경계해야 하는 것은 조급함이다. 채용이 본격적으로 진행되고 있지 않기 때문에 본인이 취약한 부분을 차분하게 분석하여 대비하는 것이 무엇보다도 중요하다. 그러므로 다양한 방식으로 부족한 부분에 대해 학습하여 둘 필요가 있다.

채용 비시즌, 스터디의 시즌

채용 비시즌은 다양한 스터디에 참여할 수 있는 최적의 시기다. 자신의 가장 취약한 부분이 무엇인지 알고 관련 스터디에 참여하는 것이 중요하다. 이때 오프라인 스터디만이 정답은 아니다. 다양한 사람들과 오프라인에서 스터디를 하면서 실제 시험과 동일한 환경을 조성하여 정해진 시간 내에 문제를 풀어 보고, 더 나은 문제 풀이 방법을 공유하는 것도 참 좋은 방법이다.

그러나 오프라인 스터디의 경우 심리적으로 부담이 생기는 경우도 있다. 또한 모두가 열심히 하지 않는 분위기가 형성되면 오히려 전체적으로 학습 의지가 저하될 수 있다. 학습에 대한 타인의 노력이 직접적으로 눈에 보이는 만큼 자극도 많이 되지만, 부정적인 영향이 더 쉽게 다가올 수도 있다는 것이다.

이러한 이유로 인해 스터디를 꼭 만나서 할 필요는 없다고 생각하는 학습자도 많다. 시간을 별도로 정하지 않고 개개인이 스케줄에 맞춰서 학습하고, 그 결과물을 공유함으로써 서로 학습의 결과물을 확인하며 자극받길 원하는 것이다. 이들에게 권하는 스터디는 바로 온라인 스터디다. 온라인 스터디도 본인의 의지가 가장 중요하다. 다른 사람들의 결과물을 보고 자극을 받지 못한다거나, 시간 활용 등의 자율성을 결과물로 만들어내지 못한다면 온라인 스터디도 실패할 수 있다.

온라인/오프라인 스터디중 반드시 하나를 택할 필요는 없다. 학습 목표에 따라 알차게 시간을 운영하고 싶다면 두 개 다 참여하는 것도 가능하다. 웹상에서 잘 찾아보면 유명하고 커리큘럼이 잘 짜인 스터디들이 있다. 스터디에 참여할 경우 학습에 필요한 자료집도 받을 수 있고, 매일 취약 영역에 대한 추가 문항과 관련 동영상 강의를 제공하고 있으므로 본인에게 필요한 스터디를 정하여 참여하는 것을 권한다.

요즘에는 문제 풀이 스터디 외에도 학습 습관을 만들어주는 오픈 채팅 스터디도 활발하게 운영되고 있다. 매일 아침 특정 장소에서 학습 환경이 조성된 상태의 사진을 올리는 형태로 진행되는데, 다수와 학습하는 것에 부담이 있다거나 혼자 학습하면서도 강제성을 부여하고 싶은 사람들이라면 습관 형성 스터디에 참여하는 것을 추천한다. 관련 애플리케이션도 있어서 의지만 있다면 다양한

형태의 스터디가 학습 효율을 충분히 올려 줄 수 있을 것이다.

구매한 교재에 따라 자체적으로 스터디를 진행하는 경우도 있다. 다음은 에듀윌 공기업 NCS 통합 기본서에서 진행하는 온라인 스터디 안내 자료이다. 네이버 카페 '딱공기업'에 접속하여 확기스(확실한 기본서 스터디) 게시판에 신청 후 오픈채팅방에 입장하여 스터디를 시작할 수 있다. 오픈채팅방을 통해 매일 배포되는 데일리 문제를 풀어 볼 수 있을 뿐만 아니라, 매일 본인의 스터디 플래너를 다른 스터디원들과 공유하며 학습 동기 부여를 할 수 있다는 이점이 있다.

1:1 학습관리 교재 연계 온라인스터디 무료

스터디 전용 인강 + 데일리 추가 문제 100% 완전무료

이런 분이라면, 꼭 신청하세요!

- 올해 처음 공기업 NCS를 시작하는 취준생
- 혼자 공부할 의지가 부족해서 공부가 잘 되지 않는 취준생
- 단기간에 집중적으로 NCS 학습 전략을 배우고 싶은 취준생

에듀윌 취업! 온라인스터디 반드시 참여해야 하는 세 가지 이유

- 체계적인 단기 완성 커리큘럼과 유료강의 무료 제공
- 취업 전문 연구진의 실시간 질문답변
- 확실한 단기 합격 보장을 위한 추가 학습혜택 제공

에듀윌 공기업 NCS 통합 기본서 온라인스터디: 확기스(확실한 기본서 스터디)

| 참여 방법

네이버카페 '딱공기업(https://cafe.naver.com/gamnyang)' 접속 → 확기스 스터디 게시판 신청 후 참여

| STEP 1 신청서 작성 | ▶ | STEP 2 스터디 교재 구매 후 인증 (선택) | ▶ | STEP 3 오픈채팅방 입장 및 스터디 학습 시작 |

※ 온라인스터디 진행 및 혜택은 교재 및 시기에 따라 다를 수 있습니다.

온라인스터디 신청

[공기업 채용]
비기너

채용 비시즌, 무엇을 공부해야 하는가?

수험생들의 준비 정도에 따라 학습해야 하는 분야가 절대적으로 달라진다.

처음으로 NCS를 학습하는 사람

먼저 **통합 기본서 등의 교재를 통해 NCS 10개 영역에 대해 이해하고, 모듈형과 피듈형, PSAT형까지 다 양한 문항을 풀이해 보는 것이 중요**하다. 이때 10개 영역 중 유독 점수가 나오지 않거나 시간을 많이 필요 로 하는 영역이 무엇인지를 파악할 필요가 있으며, 본인이 취약한 시험 유형이 무엇인지 알아야 한다.

모듈형 시험의 점수가 오르지 않는 사람

철저하게 이론 암기에 시간을 투자해야 한다. 한국산업인력공단에서 제공하는 NCS 학습모듈의 중요 포인트만이라도 머릿속에 들어가 있어야 한다. 물론 NCS 학습모듈의 분량이 많아 모든 이론을 완벽하게 암기하는 것이 어려울 수 있으므로 가장 좋은 방법은 **NCS 학습모듈을 1~2회독 정도 한 후에, 해당 이론과 관련된 문항을 풀어 보면서 틀린 개념들을 추가로 정리하여 학습하는 것이다.** 모듈형 문제는 이론만 암기해 두면 풀 수 있는 난도 내에서 출제되고 있으므로 NCS 학습모듈을 충분히 읽어보고 문제에 접목시켰을 때 답을 낼 수 있는지만 확인하면 된다.

PSAT형 시험이 어렵게 느껴지는 사람

대부분의 NCS 시험이 PSAT형으로 출제되고 있기 때문에 PSAT형 시험에 빨리 익숙해져야 한다. 기본서 등으로 NCS에 대한 기본적인 학습을 끝냈다면 PSAT형 자체에 대한 학습을 통해 문제 풀이 시간을 단축시켜야 한다. **본인이 PSAT형 시험 중에서도 어떤 영역, 세부적으로 어떤 하위능력이 취약한지 파악하여 해당 영역과 하위능력의 문제를 집중적으로 풀어 보는 것이 도움이 된다.**

이렇게 기본서까지 학습을 완료하여 본인에게 부족한 부분이 무엇인지 알았다면 기본서 학습에서 그칠 것이 아니라 **봉투모의고사 형태로 자신의 실력을 점검해 보는 과정이 필요하다.** 본인이 모듈형, 피듈형, PSAT형 중 어떤 유형의 시험에 강한지 파악하고 나면, 이후 특정 기업에 지원할 때 시험의 유형도 지원 시의 고려사항이 될 수 있을 것이다. 일례로 A기업이 PSAT형, B기업이 모듈형으로 출제되는데 두 기업의 필기시험 일시가 같다고 가정하였을 때, PSAT형에 강한 지원자는 A기업의 시험을 보러 가는 것이 유리하다.

◎ 비기너를 위한 추천 교재

| 독학 가능한 기본서 |
통합 NCS 기본서

| NCS 학습모듈 학습 |
2021 Ver. 핵심요약집

| 실력 점검 |
공기업 통합 봉투

공기업 채용
N수생

N수생들에게 취업 비시즌은 본인의 취약 영역을 확실하게 다져야 하는 시기다. 취업을 여러 해 준비하고 있는 만큼, 사실상 서류 전형을 보완하기보다는 문제 풀이에 집중할 필요가 있다. 물론 전공의 비중도 날로 높아지고 있으므로 NCS와 전공의 비중을 50:50으로 학습하는 것을 권장한다.

기반을 탄탄하게 다지고 싶은 사람

대부분의 N수생은 자신에게 진짜 필요한 것이 무엇인지 이미 답을 알고 있다. 기초가 부족하다고 판단되면 당연히 통합 기본서부터 시작하는 것이 정답이겠지만, N수생과 같이 기초적인 내용은 대략적으로 알고 있지만 듬성듬성 부족한 부분이 있어서 기반을 탄탄하게 다지고 싶다면 **기출문제집을 통해 부족한 영역이나 유형이 무엇인지를 파악**해 두는 것이 좋다. 더 나아가 정답률이나 합격률이 높지 않았던 필기시험이 특정 출제사에서 출제한 문항이라면 **필기시험과 출제사를 연결하여 추가 학습**도 할 수 있다.

고난도 문항을 풀고 싶은 사람

고난도 문항을 풀고 싶은 이유에 대해서 분명한 목적이 있어야 한다. 어떠한 준비도 되지 않았고, 기초도 닦여 있지 않은 상태에서 고난도 문제를 풀면 실력 향상에 큰 도움이 되지 않는다. 기본적인 NCS 문항을 풀 때 체감 난도가 낮아져서 기분이 좋다는 것을 제외하면 말이다. 다만, 합격 커트라인에서 간발의 차로 불합격한 경우나 본인이 주력하여 준비하는 기업의 문항이 어렵다고 평이 자자한 경우에 맞춤형 학습을 해 둘 필요가 있다.
기본적으로 PSAT는 민경채가 NCS보다 조금 쉽고, 7급은 난이도가 비슷하고, 5급은 다소 어려운 편이다. 그렇기 때문에 PSAT 기출 문제를 풀면서 **실제 시험에 어려운 문항이 출제되었을 때 포기하지 않기 위함**이나, **문제를 푸는 데 걸리는 시간을 줄이기 위한 연습**을 위해서라면 고난도 문항을 학습해 두는 것을 권한다. 그러나 PSAT로 학습할 경우 PSAT에 NCS에 출제되지 않는 유형의 문제가 포함되어 있기도 하고, 실질적으로 NCS 대비 한 문항을 푸는 데 소요되는 시간이 길기 때문에 PSAT에 너무 맞춤화하여 학습하지 않도록 학습 전략을 잘 짜야 한다.

문제 풀이 시간을 단축하고 싶은 사람

채용 비시즌은 이른바 양치기를 마음 놓고 할 수 있는 시기인 만큼, **많은 문항을 풀어 보는 것**을 권한다. 본인의 학습 정도에 따라 매달 최소 1개의 실전모의고사와 기출문제 등을 추가로 학습하면서 부족한 부분을 채우는 것도 좋다. 혹은 매일 1개씩 시간을 정해 놓고 모의고사를 풀면서 시간 관리 능력을 향상시키고, 오답풀이를 통해 취약점 극복법을 찾는 것도 좋은 방법이 된다. 즉, **문제를 충분히 풀어서 실제 시험장에서 어떻게 문제를 풀 것인가에 대한 전략을 짤 수 있는 연습**을 해야 한다. 이를 위해 본인이 지속적으로 틀리는 문제 유형이나 영역이 있다면 해당 부분을 철저하게 보완해야 한다. 만약 비시즌을 적극적으로 활용했음에도 불구하고 취약한 부분이 극복되지 않는다면 시험장에서는 자신이 이 문항을 풀 수 있는지 없는지 빠르게 파악하고 과감하게 넘기는 연습을 할 필요가 있다.

채용 비시즌을 맞이하여, 특히 **1월에는 무엇보다도 학습 계획을 잘 짜는 것이 중요**하다. 계획과 실천이 지원자들의 실질적인 채용 기간을 단축시켜줄 수 있기 때문이다. 다양한 오픈채팅방에 입장하여 다른 취업준비생들은 이 시기에 어떠한 것을 하는지 염탐을 해보는 것도 추천하는 바이다.

◎ N수생을 위한 추천 교재

| N수생의 기본서 | 고난도 문항 대비 | 출제사별 시험 대비 | 문제 풀이 훈련 올인 | 실전 감각 유지 |
| 10개 영역 찐기출 문제집 | PSAT 기출완성 | 행과연 봉투 | 매1N | 월간NCS |

서류 당락(當落)을 좌우하는

자소서
문항
자기개발능력

글쓴이 | 윤성훈(유어스잡 대표)

落

떨어질: 락

當

마땅: 당

공공기관의 자소서는 몇몇 기관을 제외하고는 채용마다 바뀌는 경우가 많다. NCS 직업기초능력 10개 영역을 기반으로 다양한 형태의 문항이 출제되는데, 최근 들어 많이 볼 수 있는 문항이 '자기개발능력'을 바탕으로 직무의 전문성을 함양하기 위한 노력을 물어보는 문항이다. 이는 업무적 전문성을 물어 보기 때문에 직업적 경험이 없는 지원자의 경우 난감한 경우가 많다. 그러나 서류를 정량적 · 정성적으로 평가하는 지금의 채용 구조에서 지원자들은 직무에 대한 전문성을 함양하기 위한 노력을 하나의 스토리가 아닌 여러 개의 경험을 연결하여 생각해 본다면 어렵지 않게 작성할 수 있다.

2021년 실제 공기업 자소서 항목

한국수자원공사
자신이 지원한 분야에서 뛰어난 전문가가 되기 위해 기울이고 있는 노력에 대해 구체적으로 서술해주십시오.

코레일
지원 분야의 직무를 수행하는데 있어 지원자의 전문성(장점)을 소개하고, 전문성 향상을 위한 그동안의 노력과 입사 후 코레일 기여 방안에 대해 작성해 주십시오.

IBK기업은행
본인이 지원한 채용분야에서 가장 필요한 역량은 무엇이고, 어떠한 노력을 통해 어느 정도의 역량을 갖추었다고 생각하는지 설명하고 위와 같은 노력이 다른 지원자와 어떻게 차별화될 수 있는지 작성하여 주십시오.

건강보험심사평가원
본인이 우리원의 직무를 수행함에 있어 타인과 비교하여 차별화된 자신의 핵심 경쟁력이 무엇인지 기술해 주시기 바랍니다. 본인이 해당 경쟁력을 갖추기 위해 어떠한 노력을 했는지 구체적으로 서술해 주시기 바랍니다.

한국전력공사나 국민연금공단과 같이 지원 동기와 직무의 전문성을 함양하는 과정이 별도로 존재하는 경우에는 [기업분석] → [직무분석] → [노력과 준비]의 순서로 작성하면 되지만, 지원 동기와는 별개로 직무 전문성을 물어보는 경우에는 많은 부분에서 고민해야 한다. 직무 관련 전문성을 어필해야 하는 경우에는 직무기술서를 기반으로 해당 역량을 함양하는 과정을 단계적으로 구조에 맞추면 쉽게 작성할 수 있다.

직무기술서를 기반으로 한, 자기개발능력 항목 작성법

자기개발능력과 관련되어 직무 관련 전문성을 어필해야 하는 항목은 자기소개서를 작성하기 앞서 직무기술서를 확인하고 해당 역량을 함양하는 과정을 다음과 같이 단계별로 정리해서 작성하면 된다.

STEP 1
업무방향

STEP 2
지식

STEP 3
기술

STEP 4
태도

업무방향
직무기술서의 [직무수행내용]을 통해 내가 지원하는 직무에 대한 구체적 업무방향을 선택하여 작성한다.
이때, 전체 글자 수의 20% 정도의 양으로 정하고 가능하면 150자를 넘기지 않는다.

지식
직무수행을 위한 지식관점의 노력을 정리하고, 직무기술서상의 키워드를 바탕으로 정리한다.

기술
직무수행을 위한 기술관점의 노력을 정리하고, 직무기술서상의 키워드를 바탕으로 정리한다.

태도
직무수행을 위한 태도관점의 노력을 정리하고, 직무기술서상의 키워드를 바탕으로 정리한다.

이러한 문항들은 공통적으로 직무적합도를 판단하기에 가장 좋은 문항이기 때문에 평가에서 중요한 잣대로 활용될 수밖에 없다. 그러므로 당연히 직무기술서상의 업무 수행에 필요한 역량을 쌓기 위한 활동을 기술하는 것이 좋은 점수를 받는 데 도움이 된다. 자소서를 작성한다는 것은 내가 꼭 필요한 사람이라고 어필하는 과정이다. 자기개발능력과 관련된 항목은 직무기술서를 기반으로 단계별로 작성해보자. 본인의 역량에 대해 서류 심사위원과 면접관, 그리고 AI 평가 프로그램에 충분히 어필할 수 있을 것이다.
한국수자원공사의 문항을 사례로 들어 맞춤형 글을 작성한다면 다음과 같이 자소서를 작성할 수 있다.

자기개발능력 항목 작성 4단계

STEP 1
업무방향

• • •

STEP 2
지식

• • •

STEP 3
기술

• • •

STEP 4
태도

STEP 1
업무방향

직무기술서의 [직무수행내용]을 통해 내가 지원하는 직무에 대한 구체적 업무 방향을 선택하여 작성한다.

직무기술서상의 [직무수행내용]

총무	조직의 경영목표를 달성하기 위하여 임직원에 대한 원활한 업무 지원 및 복지 지원, 대·내외적인 회사의 품격 유지를 위한 제반 업무 수행
인사	인적 자원을 효율적으로 활용하기 위하여 직무 조사 및 직무 분석을 통해 채용, 배치, 육성 등의 제반 사항을 담당하며, 조직의 인사제도를 개선 및 운영
예산	조직이 목표로 하는 경영성과를 효과적으로 달성하기 위한 미래의 경영 활동을 계량화하는 것으로, 일정 기간 예상되는 수익과 비용을 편성·집행·통제
회계·감사	의사결정자들이 효율적인 의사결정을 할 수 있도록 유용한 정보를 제공하며, 제공된 회계 정보의 적정성을 파악
법무	법제 연구, 사규 제·개정 관리, 사업 운영과 관련된 제반 소송 업무 관리·수행
해외사업	공사의 기술 및 서비스를 해외 고객에게 판매하기 위해 해외시장 조사, 해외 마케팅 전략 수립, 거래의 제안·협상·계약체결·계약관리 등 수행

실제 자기소개서 작성예시

한국수자원공사의 행정 업무에서 총무 및 인사 직무를 수행하며 조직의 경영 목표 달성과 효율적 인적자원 활용을 위하여 체계적인 노력을 하였습니다.

STEP 2
지식

STEP 1에 따른 내용이 완성되면 해당 직무의 [필요지식]에서 업무수행에 필요한 키워드를 정리하여 두괄식의 구조로 작성한다.

직무기술서상의 [필요지식]

총무	산업동향, 환경분석방법, 기업재무회계 · 관리회계 등 재무적 지식, 행사기획 · 운영, 업체 정보 분석 방법, 구매실무계약, 파견근로자보호 등 관련 법령 및 단체 협약 이해 등
인사	전략적 인적자원관리, 인사전략 환경 분석, 직무분석/평가, 인사규정 및 근로기준법, 소득세법 등 관련 법령, 채용기법, 역량모델링, 사회조사방법론, 조직문화진단 분석 및 조직행동론 등
예산	회계지식(관리 · 재무회계, 손익구조, 재무제표, 계정과목 분류), 분석지식(환경, 내부역량, SWOT), 예산관리지침 · 규정 등 관련 규정 이해, 예산수립절차, 회계시스템 등
회계·감사	회계상 거래와 일상생활에서의 거래를 구분하는 지식, 전표 · 증빙서류에 대한 지식, 원가(개념, 분개/분류방법, 원가계산방법 등) 및 계정 과목에 관한 지식 등
법무	민법 · 행정법 등 국내 실체법 전반에 관한 지식, 국내 절차법 및 소송실무에 관한 지식 등
해외사업	해외 정보수집, 세계경제 동향, 해외시장 진출전략, 계약이행 관련 지식 등

실제 자기소개서 작성예시

LEVEL-UP 1. 문서화

○○공모전에 참여하여 주어진 자료를 바탕으로 보고서를 작성할 수 있는 문서작성능력을 함양하였습니다. 다양한 기업 정보 채널에서 기업의 가치를 판단할 수 있는 자료를 찾고 분석하여 고찰을 통해 결론을 내리는 과정을 거치며 기본적인 분석 능력을 키울 수 있었습니다.

이 과정에서 제안서를 직접 구성하고 작성해 보면서 많은 사람과 문서로 원활하게 커뮤니케이션할 수 있는 방안을 익혔습니다.

STEP 3
기술

STEP 2에 따른 내용이 완성되면 해당 직무의 [필요기술]에서 업무수행에 필요한 키워드를 정리하여 두괄식의 구조로 작성한다.

직무기술서상의 [필요기술]

총무	환경분석능력, 정보수집능력, 물가정보검색기술, 협상기술, 대인관계기술, 행사 진행·운영 기술, 계약서 작성 기술, 비교분석기술, 법령 해석, 컴퓨터 활용 등
인사	환경분석, 문서작성능력, 인력수요예측기술, 인사운영의 효율성 분석, 인터뷰 및 커뮤니케이션 기술, 역량모델링 및 교육운영 기술, 조직인력운영기술, 재무제표 분석, 조직문화 진단 분석 등
예산	회계 등 프로그램 활용 능력, 예산지침서 및 보고서·재무상태표 작성 능력 등
회계·감사	거래의 결합 관계 구분 능력, 장부에 기입·분석하는 능력, 전표작성능력, 정보수집능력, 명세서 작성·손익산정·계정과목분류 능력 등
법무	국내 실체법 전반에 관한 지식, 국내 절차법 및 소송 실무에 관한 지식, 문서 작성 프로그램 활용 기술 등
해외사업	정보처리능력, 통계자료 활용능력, 시장분석능력, 마케팅 전략 수립 능력, 외국정부 및 기업과의 협력·협상을 위한 외국어 능력 등

실제 자기소개서 작성예시

LEVEL-UP 2. 수치화

산업 환경에 대한 다양한 데이터와 공시 자료를 면밀히 분석하여 보고서를 작성했습니다. 이때 설득력을 높이기 위해 표, 그래프 등을 적극적으로 활용하여 통계 데이터를 객관적으로 제시하였습니다. 보고서에 구체적인 수치를 제시함으로써 결과를 한층 더 부각하는 효과를 얻을 수 있었고, 결과적으로 해당 보고서는 상부로부터 좋은 평가를 받아 기획안으로 채택되었습니다. 이 경험을 통해 저는 정보수집능력과 환경분석능력은 물론이고 숫자를 설득으로 연결할 수 있는 방법까지 체득하게 되었습니다.

STEP 4
태도

STEP 3에 따른 내용이 완성되면 해당 직무의 [직무수행태도]에서 업무수행에 필요한 키워드를 정리하여 두괄식의 구조로 작성한다.

직무기술서상의 [직무수행태도]

총무	지속적 학습, 정확성, 객관적인 태도, 문제해결능력, 윤리의식, 서비스 자세, 적극적으로 해결하고 솔선수범하는 자세 등
인사	전략적 사고, 분석적 태도, 조정능력, 공정성, 설득력, 협업적 태도, 창의적 사고, 합리적 사고, 정확성, 윤리의식 등
예산	규정 및 조직윤리 준수 의지, 전략적 · 포괄적 사고, 공정한 분석 자세, 조정적 자세, 대 · 내외 환경 변화를 고려할 수 있는 거시적 시각 등
회계·감사	거래에 대한 정확한 판단력, 신속정확성, 관련 규정을 준수하는 태도, 적극적 협업 태도, 수리적 정확성 등
법무	정확한 판단력, 신속한 업무 처리, 유관기관 및 부서간 협업적 태도, 윤리의식, 문제인식 및 해결 능력 등
해외사업	종합적 · 분석적 접근, 목표중심적 · 전략적 사고, 이해관계자 지향적 마인드 등

실제 자기소개서 작성예시

LEVEL-UP 3. 문제해결

동아리 활동과 공모전에 적극적으로 참여하며 다양한 경영분석기법을 활용한 문제해결 능력을 성장시켰습니다. 입학 후 경영 전략 동아리에 가입하여 전략 경영 분야의 이론과 현실에 대하여 동아리원들과 토론하며 생각의 지평을 넓혔습니다.

또한, 기업환경변화에 적극적으로 대응하기 위한 프로세스 개선, 생산성 향상, 경영품질 제고 등 전사적 경영혁신활동에 대한 연구 결과를 공모전에 출품하여 장려상을 받았습니다.

공공기관
채용트렌드
[통합채용]

글쓴이 | 윤은영(에듀윌 취업연구소 연구원)

통합채용은 이전에도 일부 지역과 일부 직군에서 진행되었지만, 부산교통공사 등이 포함되어있는 부산광역시에서 2021년에 통합채용을 진행하면서 수험생들 사이에서는 앞으로 수도권과 광역시의 통합채용이 하나의 트렌드가 될 것이라 예측하는 목소리가 컸다. 수도권과 광역시 공기업들은 통합채용으로 얻을 수 있는 이점이 굉장히 많기 때문에 통합채용은 2022년에도 지속 · 강화될 것으로 예상된다. 공기업에 지원하는 수험생이라면 통합채용이 무엇인지, 어떠한 준비를 해야 하는지를 반드시 알아 두고 준비할 필요가 있다.

통합채용이란?

특정된 날짜에 지방 공공기관이 채용 전형 일부 또는 전체를 함께 시행하는 것을 말한다. 보통의 경우 해당 지역에 거주 중인 사람에게만 지원 자격을 부여하거나, 거주 경험이 몇 년 이상인 사람에 한정하여 지원할 수 있도록 한다. 채용 시기에 따라 공공기관 채용 사이트가 신설되면 해당 사이트에 접속하여 지원하고자 하는 기업을 선택하고, 지원하고자 하는 기업의 홈페이지로 이동하여 원서를 접수한다. 여기서 주요 포인트는 기관별로 중복 지원이 불가하다는 점이다.

공기업의 입장에서 통합채용의 이점은?

공공기관 통합채용 사이트에 채용을 진행하는 공기업을 모아 두었기 때문에 인지도가 낮은 공공기관들이 지원자들에게 손쉽게 홍보될 수 있다. 지원자들이 기존에 알지 못했던 공기업이라도 공공기관 통합채용 사이트에 노출됨으로써 직군이나 경쟁률 등을 고려하여 지원자가 증가할 가능성이 높다. 또한, 신생 기관의 경우 채용을 진행함에 있어 경험 부족으로 인한 미숙함이 있을 수 있는데, 통합채용을 통해 채용 프로세스를 안정적으로 운영할 수 있다. 또한, 한 권역별로 1개의 공공기관에만 지원이 가능하기 때문에 중복 합격이 불가능하므로 인력 확보 및 운영에 있어서도 훨씬 안정적으로 여겨진다.

"통합채용은
지방 공공기관에만
해당된다"

과연 수험생에게도 이점이 있는가?

많은 수험생이 여러 공기업에 지원하여 되도록 필기시험을 많이 보려 한다는 점을 고려하였을 때, 필기시험을 볼 수 있는 기회 자체가 대폭 감소된다는 측면에서 단순히 통합채용은 수험생들에게 좋다고 보기에는 어렵다.

그러나 통합채용 시 수험생은 다양한 기업에 합격하기 위해 드는 노력을 줄일 수 있다. 특정 기업 하나를 정해서 대비할 경우 분산된 자신의 경쟁력을 하나의 기업에 올인할 수 있다. 또한, 중복 합격 자체가 불가능하기 때문에 오히려 합격 자체만을 놓고 보면 전략을 잘 세우기만 한다면 합격 확률이 더 높아진다.

또한, 투명하게 채용 일정을 공개하여 진행하기 때문에 변수에 대한 리스크를 줄일 수 있고, 여러 상황에 대비할 수 있다는 이점이 있다. 무엇보다도 통합채용에 대한 공식적인 이점은 지방공공기관이 채용 계획–절차–평가–결과를 투명하게 관리 · 감독하여 채용 비리를 근절할 수 있고, 공정한 기회를 제공할 수 있다는 점이다.

어디까지가 '통합'인 걸까?

공공기관 통합채용 진행 시, 대부분의 지원자는 다음과 같은 의문을 갖는다.

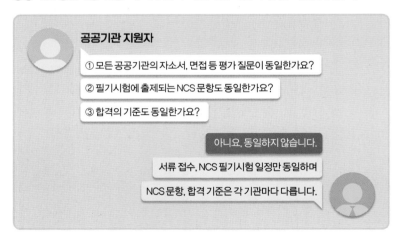

공공기관 지원자

① 모든 공공기관의 자소서, 면접 등 평가 질문이 동일한가요?

② 필기시험에 출제되는 NCS 문항도 동일한가요?

③ 합격의 기준도 동일한가요?

아니요, 동일하지 않습니다.

서류 접수, NCS 필기시험 일정만 동일하며

NCS 문항, 합격 기준은 각 기관마다 다릅니다.

이에 대한 답은 '서류 접수 일정'과 'NCS 필기시험 일정'만 통합이라고 생각하는 것이 정확하다. 대부분의 수도권과 광역시는 서류–필기 단계의 '일정'만 동일하게 진행하고 있다. 자소서와 면접 질문도 지원하는 인재상, 비전과 미션 등 공기업에서 추구하는 사업과 방향성이 모두 다르고 평가 요소도 다르기 때문에 동일한 내용으로 지원자를 평가하기에는 무리가 있다.

따라서 NCS 문항도, 합격의 기준도 동일하지 않다는 점을 염두에 두고 통합채용을 준비해야 한다. 각 기업에서 채용을 진행하고, 인재를 선발하는 과정에서 중점을 두는 부분은 모두 다르다는 점을 잊어서는 안 된다.

통합채용, 어떻게 대비할 것인가?

자소서, 면접, NCS 필기시험 모두 동일한 문항으로 출제되는 것이 아니기 때문에 결과적으로 본인이 지원하고자 하는 기업을 하나 설정하고 해당 기업의 기출문항에 집중해야 한다.

1단계 자소서 / 면접

어떠한 질문들이 자소서 문항과 면접 질문으로 출제되었는지 조사하여 본인의 경험을 해당 기업의 인재상과 연결해 보는 것이 중요하다. 또한, 해당 기업의 직무에서 NCS 직업기초능력 중 어떠한 역량을 강조했는지를 확인하여 자소서/면접 질문이 어떠한 NCS 직업기초능력을 묻고 있는 문항인지를 파악하고, 자신의 경험을 매칭하여 언급할 수 있어야 한다. 2021년 부산교통공사의 자기소개서 항목 하나를 예시로 들어 보겠다.

> **수행했던 업무(과제) 중 목표를 달성하기 가장 어려웠던 경험에 대해서 기술하시오.** (350~500자)

→ 목표를 달성하기 어려웠던 경험을 묻는 문항이므로 왜 어려웠고 어떻게 목표를 달성하기 위한 노력을 했는지를 풀어서 작성할 수 있어야 한다. 즉, 문제해결능력을 보여줄 수 있는 사례를 찾아보는 것이 필요하다. 또한, 이러한 경험을 통해 목표를 달성했기 때문의 일종의 자기개발능력과도 연관을 지을 수 있다. 따라서 이 경험을 통해 자기개발 측면에서 어떠한 성과가 있었는지를 언급해 줄 수 있어야 한다.

→ 이때 너무 과거의 경험을 쓰기보다는 이왕이면 채용 시점으로부터 3년 이내의 경험을 작성해 주는 것이 좋다. 경우에 따라서는 3~5년 사이의 경험으로 한정하여 작성하라고 안내하는 기업도 있는데, 그 이유는 가장 최신의 경험이 현 지원자를 완성하는 데 가장 큰 영향을 미친 경험이라고 생각하기 때문이다.

→ 자기소개서 항목에서 직업기초능력 중 어떠한 능력을 보고 싶은 것인지에 대한 분석이 끝났다면, 지금으로부터 역순으로 관련 경험이 있었는지를 기록하면서 가장 적합한 기록을 선별하여 서술한다. 자신의 경험이 관련 역량을 보여줄 수 있는지를 가장 먼저 고려해야 하며, 가능하다면 자신의 지원 업무를 예상하게 할 수 있는지 여부까지 생각해두는 것도 좋다. 지원 업무를 예상할 수 있게 한다는 것은 곧 직무 연관 경험이 될 수 있기 때문이다.

2단계 NCS

채용 전형이 대략적으로 공개되었기 때문에 NCS는 자신의 학습 성취도에 따라 대비할 수 있다. 지원 기업을 선정해두고 해당 기업에서 요구하는 NCS 필기시험의 출제 영역, 난이도 등을 기준으로 기본서 또는 기출문제를 포함하고 있는 봉투모의고사 등으로 학습하는 것을 권한다. 기출문제를 통해 출제되는 영역, 유형, 난이도 등을 미리 준비할 수 있고, 취약 영역을 대비할 수 있다. 출제사가 동일하다면 타기업의 NCS 문항을 참고해 볼 수 있겠지만, 그것이 아니라면 단순히 같은 권역의 공공기관이라는 이유로 타기업의 NCS 문항까지 살펴볼 필요는 없다.

왜 서울권의 공기업들은
통합채용을 진행하지 않을까?

통합채용을 하지 않아도 우수한 인력들이 모이고, 이미 다수의 채용 경험이 있어 통합으로 운영하지 않아도 될 만큼 각각의 공공기관들이 채용 노하우를 가지고 있기 때문이다. 또한 통합채용으로 홍보해야 할 만큼 인지도가 다소 낮은 공공기관 또는 신설 기관의 수도 매우 적어서 통합채용의 이점이 서울권의 공공기관에는 통하지 않는다.

지방 공공기관의 채용 정보를
더 알고 싶다면?

클린아이잡플러스라는 사이트를 알아두면 도움이 된다. 지방 공공기관의 채용정보를 구직자들에게 알기 쉽고 투명하게 제공하기 위해 운영되고 있으므로 평소에 자신에게 맞는 직무과 기업에 대해 관심을 가져두는 것도 좋다.

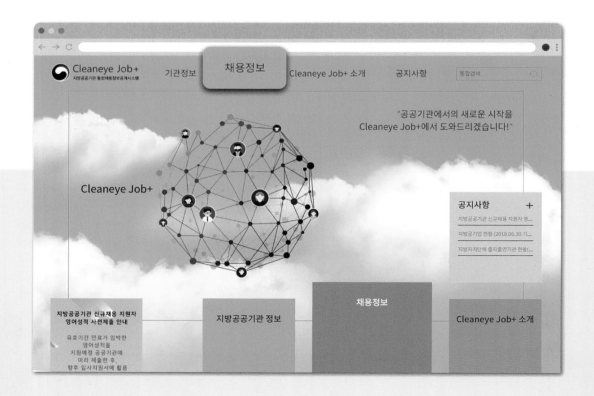

채용정보 검색

- 모집분야 (전체) : 사업관리 경영·회계·사무 경비·청소 이용·숙박·여행·오락·스포츠 음식서비스 (+) 26개
- 지역제한 : 없음 있음
- 우대사항 : 없음 국가유공자 청년 경력자 지역인재 장애인 외국어 고졸 자격증
- 고용형태 : 일반정규직 무기계약직 기간제 전문계약직 인턴 일반계약직 비상임
- 채용구분 : 신입 경력 신입+경력
- 접수시작일 : 날짜 입력   ■ 접수마감일 : 날짜 입력
- 채용마감여부 : 전체

- 근무지 (전체) : 서울특별시 부산광역시 충청북도 충청남도 전라북도 전라남도 경상북도 (+) 18개
- 근무시간 : 전일제 시간제 비상임
- 연봉 : 전체
- 대체인력여부 : 예 아니오

- 기관명 : [기관명 찾기]
- 기관형태 : 직영기업 지방공사 지방공단 지방출자기관 지방출연기관
- 기관유형 (전체) : 상수도 하수도 공영개발 자동차운송 도시철도 도시개발 기타공사 (+) 27개

클린아이잡플러스에서는 채용 정보도 상세하게 검색할 수 있어 지원자가 직접 맞춤형 검색을 할 수 있다. 지역제한 유무를 체크할 수도 있고, 접수 시작일과 마감일 등도 지원자의 상황에 맞춰 검색이 가능하다. 기본적으로 근무할 수 있는 지역과 고용 형태, 채용 구분, 근무 시간 정도 등을 최소한으로 세팅해 두고 검색해 보는 것을 추천한다. 메이저 공기업/공공기관이 아니라고 할지라도 지원자에게 적합한 지방출자·출연기관이 있을 수 있기 때문이다.

더 알아보자 ▶ 지방공기업
- **지방직영기업** 지방자치단체가 별도의 법인을 설립하지 않은 채 자치단체의 행정조직과 인력을 활용하여 직접 사업을 운영하는 형태
- **지방공사** 민간부문의 성격이 강한 사업을 공공성을 확보한다는 차원에서 지방자치단체가 경영하는 일종의 독립된 법인 형태의 회사 (예:지하철, 도시개발, 관광 등)
- **지방공단** 지방자치단체의 고유업무를 전문성과 기술성 및 책임성을 확보하면서 위탁사업을 수행하는 일종의 공공업무 대행 기관 (예:시설관리, 환경 등)

더 알아보자 ▶ 지방출자·출연기관
지방공공기업법에서 정하는 사업 되에 지방출자·출연기관의 운영에 관한 법률에서 정하는 사업을 행하는 기관이며 일반적으로 출자기관은 지방공사와 출연기관은 지방공단과 성격이 유사함

※ 출처: https://job.cleaneye.go.kr/siteGuide/ypCompGuide.do

부·산·교·통·공·사
자기소개서 작성 TIP

글쓴이ㅣ윤장섭(H&C직무인증원 대표이사)

공공기관 통합채용 특집호를 맞이하여 2021년 부산광역시 통합채용에서 가장 큰 비중을 차지했고, 가장 많은 지원자들이 몰렸던 부산교통공사의 자기소개서 기출 항목과 작성법에 대한 내용을 살펴보고자 한다. 통합채용이라고 해서 모든 자기소개서 항목이 모두 동일한 것이 아니기 때문에 지원하고자 하는 기업의 기출 항목에 대한 분석은 반드시 필요하다. 작성 TIP과 더불어 실제 작성 사례도 제시하였으므로 세부적인 내용을 꼼꼼하게 확인하여 본인의 자소서를 직접 작성해보도록 하자.

| 성공적인 자기소개서 작성을 위한 핵심 **첫 번째 TIP** Q

자기소개서 항목 유형 분석

기업마다 차이가 있을 수 있지만 큰 틀에서 보면 자기소개서 항목의 유형은 다음과 같이 WHY?, WHAT?, HOW?의 3가지 유형으로 나눌 수 있다.

TYPE 1	TYPE 2	TYPE 3
WHY?	**WHAT?**	**HOW?**
입사 지원동기	스토리텔링	입사 후 포부

먼저 'WHY?형'은 "왜 우리 회사인가?"에 대한 질문이라 생각할 수 있는 입사 지원동기 문항이다. 지원동기는 기업 선택이유 및 지원직무와 관련된 준비 역량을 제시하는 구조로 작성해야 하는데, 최근 입사 지원동기 문항은 기업 선택 이유와 직무 관련 준비 역량을 분리해서 출제하는 경우도 많다.

두 번째 'WHAT?형'은 "어떻게 살아 왔는가?"에 대한 질문이다. 지원자의 과거 경험을 제시해야 하는 문항이며, 특히 공기업들은 NCS 직업기초능력을 기준으로 과거 경험을 제시하는 문항으로 출제하는 경우가 많기 때문에 문항 분석을 통해 제시한 역량이 무엇인지 확인하는 것이 중요하다.

마지막으로 'HOW?형'은 "어떻게 일할 것인가?"에 대한 질문이다. 입사 후 포부 유형에 해당하며, 사전에 직무기술서를 기반으로 앞으로의 업무 수행 계획과 목표를 구체적으로 작성해야 한다.

2021년 부산교통공사는 자기소개서 항목으로 총 4개의 문항을 출제하였으며, 문항을 상기 3가지 유형을 기준으로 구분하고 유형별 자기소개서 작성 방법을 적용시키는 것이 중요하다.

구조화를 통한
단계별 작성

출제된 자기소개서 문항을 분석하여 유형을 구분하였다면 다음으로는 유형별 자기소개서 작성 방법에 맞게 단계별로 구조화시켜 작성해야 한다. 부산교통공사 1번과 2번 문항은 지원동기 문항인데, 1번은 기업 선택 이유를 작성하고 2번은 직무 관련 준비 역량을 제시해야 하는 문항이라는 점에서 차이가 있다.

문 항		유 형
1번 문항	부산교통공사에 지원한 동기와 본인의 직업관에 대해 기술하시오. (500자)	동기 (기업)
2번 문항	측면에서 본인이 지원한 직무의 적임자라고 말할 수 있는 이유를 기술하시오. (500자)	동기 (직무)
3번 문항	수행했던 업무 (과제) 중 목표를 달성하기 가장 어려웠던 경험에 대해 기술하시오. (500자)	스토리 (문제해결)
4번 문항	지원 분야 업무를 수행함에 있어 예상되는 직무상 어려움과 어떻게 해결할 것인지 기술하시오. (500자)	포부

1번 문항	2번 문항	3번 문항	4번 문항

✅ **지원동기** 기업 선택 이유 작성 프로세스

기업 선택 이유를 작성할 때에는 기업보다 상위 범주인 산업에 대한 특성과 시장의 이슈를 제시하는 것이 중요하다. 이를 통해 기업의 사업과 관련된 이슈에 대한 이해도와 관심도가 높다는 것을 어필할 수 있다.

부산교통공사 자기소개서 작성 시에는 사전에 철저한 기업 분석 내용을 바탕으로 교통 및 철도 산업에 대한 특성과 최근 이슈 등을 제시해야 한다.

STEP 1	기업 선택 이유
STEP 1-1	산업 특징 및 시장에 대한 이슈 제시

→ 작성 사례 (기술직)

> 빠르게 변화하는 기술 발전에 따라 철도 시스템 개발과 운영을 통해 안전성과 수익성을 고려한 사업 전략이 요구되고 있습니다. 최근에는 Smart Train 운영을 위한 다양한 기술이 개발되고 있습니다.

다음으로 부산교통공사의 주요 사업 현황을 제시해야 한다. 시장에서 경쟁력을 확보하기 위한 기업의 활동을 지원 직무와 관련된 사업으로 제시한다. 운영직의 경우 고객만족 향상을 위해 추진하고 있는 정책 및 서비스 등에 대해 제시하고, 기술직의 경우 안전한 철도 운영을 위해 최근 개발한 기술이나 시스템을 제시한다.

STEP 1-2	기업의 사업 구조 및 활동 제시(지원 직무와 연계)

> 이에 부산교통공사는 IT기술을 접목한 안전한 철도 운영 및 관리를 위해 다양한 기술을 개발하고 있습니다. 최근에는 '전동차 정비용 웨어러블 로봇' 도입, '정보 통합관리시스템(IMS)' 구축 등으로 변화하는 시장 상황에 대처하기 위해 노력하고 있습니다.

기업의 주요 사업 현황을 제시하고 나면 지원 직무에 대한 중요성을 어필해야 한다. 직무 중요성은 간략하게 직무에 대한 설명과 업무 성과를 제시하며 작성한다.

STEP 1-3	지원 직무의 중요성 제시

> 따라서 관련 기술 및 시스템 운영에 필요한 다양한 전기 기기 및 시스템을 개발하고 운영하기 위한 전기 담당자의 역할이 중요해지고 있습니다. 특히 안전을 최우선으로 최신 기술을 적용한 시스템 운영으로 사고 예방에 집중하여 고객의 신뢰를 얻기 위해 노력해야 합니다.

기업 분석 내용을 바탕으로 기업 선택 이유를 작성했다면 마지막은 자신의 직업관을 제시하고 앞으로의 업무 수행과 관련된 계획과 목표를 제시하며 마무리한다.

STEP 2	입사 후 목표와 업무 계획 제시

> 기업의 조직원들은 뚜렷한 목표 설정과 업무 성과 창출을 위해 효율적으로 일하기 위한 개선의 자세로 업무에 임해야 합니다. 앞으로 사업 운영에 필요한 다양한 설비에 대한 체계적인 시스템 개발을 통해 안정적인 차량 운영과 사고 예방을 위해 최적화된 업무 환경을 조성하는 데 기여하는 전문 엔지니어로 성장해 나가겠습니다.

다음 문항으로 ▶

부산교통공사 - 자기소개서 작성 ✕

1번 문항	**2번 문항**	3번 문항	4번 문항

✅ **지원동기** 직무 준비 역량 작성 프로세스

2번 문항은 직무 역량을 함양하기 위한 구체적인 준비 활동을 제시하여 본인이 기업에 필요한 사람이라는 것을 어필해야 하는 항목이다. 직무 역량을 평가하기 위해 공기업들은 NCS 기반 채용을 진행하고 있으며, 해당 직무에 필요한 능력을 지식, 기술, 태도라는 세 가지 기준으로 확인하고 있기 때문에 준비 역량을 지식, 기술, 태도의 관점에서 구분하여 설명한다.

직무 역량을 제시하기에 앞서 먼저 직무에 대한 이해도를 어필해야 한다.

STEP 1	지원 직무의 이해도 제시	→ 작성 사례 (기술직)

새롭게 변화하는 흐름을 파악하고 차량의 전기 공급 체계의 안정성을 확보하기 위해서는 전문 엔지니어의 역할이 중요합니다. 더욱 빠르고 안전한 차량 운행을 위하여 신속하고 정확한 설비 운영을 통해 시설 및 차량의 사고율을 낮추는 것이 중요합니다.

다음으로 지식/기술/태도 관점에서 준비된 역량을 제시한다.

STEP 2	직무 관련 준비 역량 제시
STEP 2-1	**지식** 전공, 외부 교육, 자격증, 저널, 논문 등

전기 분야 실무 전문가가 되기 위해 전력공학, 제어공학, 전력 시스템 공학 등의 전공을 이수하며, 전기 공학적 기초 역량을 습득했습니다. 다음으로 전기기사 자격 취득을 통해 설비 운영에 대한 전문성을 확보하기 위해 노력했고, 공정 데이터 분석 과정을 통해 기업에서 발생할 수 있는 다양한 공학적 데이터를 Minitab을 활용하여 분석할 수 있는 역량을 키웠습니다. 또한 화공/공정 플랜트 전문인력 양성 프로그램을 이수, Six Sigma, Primavera 등 교육을 통해 효율적인 공정계획 및 관리에 관해 공부했습니다.

STEP 2-2	**기술** 인턴, 단기계약직, 현장실습, 아르바이트, 프로젝트, 공모전, 자격증 등

다음으로 OO/OO을 흡착하는 필터 설계 프로젝트를 수행하며, 저비용 고효율 소재 개발에 관해 연구하면서 보다 효과적인 방안을 모색하기 위한 연구를 수행했습니다. 또한, △△전자에서 에어컨 설치 보조와 □□건설 현장 업무 등의 아르바이트를 통해 함께 일하는 동료와의 소통과 협력, 안전 수칙 준수 등의 중요성을 경험했습니다.

STEP 2-3	**태도(대외활동)** 학생회, 동아리, 봉사활동, 해외연수 등

끝으로 동아리, 봉사활동 등 다양한 대외활동을 경험하며, 여러 사람과 함께 효율적으로 업무를 수행하기 위해 기존의 방식을 탈피한 새로운 방안을 수립하며 개선의 중요성을 깨달았습니다.

마지막으로 앞에서 제시한 자신의 능력이 앞으로 입사 후에 어떻게 발휘될 것인지 설득의 구조로 업무 계획 및 목표를 제시하고 마무리한다.

STEP 3	**입사 후 목표와 업무 계획 제시**

전기 담당 엔지니어로서 공학적 역량을 바탕으로 설비 및 기기의 효율적 운영을 위한 통합 시스템을 개발해 나가겠습니다. 이를 통해 경영자원의 손실을 줄이고, 최적화된 설비(기기, 차량) 운영으로 고객만족 향상에 기여하는 전문가로 성장하겠습니다.

다음 문항으로 ▶

| 1번 문항 | 2번 문항 | **3번 문항** | 4번 문항 |

✔ 스토리텔링 NCS 직업기초능력 – 문제해결 작성 프로세스

3번 문항은 문제해결능력과 관련된 본인의 경험을 어필해야 하는 스토리텔링 자기소개서 항목이다. 우선 자신의 과거 경험 중 지원하는 직무와 관련성 높은 스토리를 정하는 것이 중요하다. 인턴이나 단기 계약직 같은 기업에서 일했던 경험이 가장 효과적일 수 있으며, 그렇지 않은 경우에는 학창시절 수행한 실습 중심의 팀 과제가 기업의 실무 상황과 가장 유사한 경험이라 할 수 있겠다.

스토리가 정해졌다면 두괄식 구조로 자신이 어떤 방식으로 문제 상황을 해결할 수 있는 사람인지 구체적으로 설명하는 구조로 시작한다.

| **STEP 1** | **자신의 능력 제시(두괄식)** | ➜ 작성 사례 (기술직) |

주어진 일에 어려움이 발생했다고 포기하지 않고 다양한 각도에서 해결책을 모색한다면 기대 이상의 성과를 얻을 수 있습니다.

다음으로 자신의 주장을 뒷받침할 수 있는 근거로 경험을 제시한다. 스토리텔링은 일반적으로 STAR 구조를 많이 활용한다. (S: Situation, T: Task, A: Action, R: Result)

| **STEP 2** | **설득력 향상을 위한 스토리 전개** |
| **STEP 2-1** | **스토리텔링의 시작** 자신이 경험한 상황 소개 |

○○기술원에서 행정보조 인턴을 하던 당시, 오지 지역의 태양광발전 프로젝트 사업계획을 지원했습니다.

| **STEP 2-2** | **스토리텔링의 이슈** 발생한 문제/과제 기술 |

해외 오지 지역의 전력 소모량 현황 자료를 수집하는 과정에서 낯선 외국의 담당자를 섭외하고 협조를 구하는 것이 쉽지 않았습니다.

STEP 2-3	**스토리텔링의 핵심** 자신의 주요 행동 기술(구체적)

이를 극복하기 위해 다른 부서 담당자에게 협조 공문을 발송하여 현지 실무자를 연결받은 후, 담당자 입장에서 이해하기 쉽게 필요한 자료 항목을 정리한 문서를 발송하였습니다. 공유받은 자료는 지역, 인구, 전력량 등을 기준으로 분리하고 정리했습니다.

STEP 2-4	**스토리텔링의 결과** 성과(수치화), 느낀 점 기술

그 결과 D-day보다 2일 먼저 자료를 확보할 수 있었고, 남은 시간에는 다른 업무를 지원하며 업무 효율을 높였습니다.

스토리 전개가 끝나면 설득형 마무리로 입사 후 업무 수행 계획 및 목표를 작성한다.

STEP 3	**직무 관련 업무 수행 계획**

앞으로 업무 수행 과정에서 발생할 수 있는 다양한 문제들에 대해서 적극적인 자세로 해결책을 모색하고 대안을 실행해 나가면서 업무 개선에 힘쓰는 실무자가 되겠습니다.

다음 문항으로 ▶

부산교통공사 – 자기소개서 작성 ✕

1번 문항	2번 문항	3번 문항	**4번 문항**

✔ 입사 후 포부 작성 프로세스

4번 문항은 입사 후 포부 문항이며, 구체적으로 업무에서 발생할 수 있는 어려움을 제시하고 이를 극복하기 위한 업무 수행 계획을 제시해야 한다. 이를 위해서는 철저한 직무 분석으로 습득한 지원 직무에 이해력을 바탕으로 작성해야 한다.

입사 후 포부 문항을 작성할 때에는 직무 관련 업무 성과를 먼저 제시하는 것이 중요하다.

STEP 1	입사 후 업무 목표 제시
STEP 1-1	직무와 관련된 구체적인 업무 목표 제시

➜ 작성 사례 (기술직)

설비 운영에서 발생할 수 있는 다양한 문제 변수들을 체계적으로 관리하고 운영하는 시스템을 구축하여 설비 고장률을 낮추어 가동률 향상에 기여하는 전문 엔지니어로 성장해 나가겠습니다.

업무 목표를 제시했다면 실무자로서의 목표 달성이 기업에 미치는 영향을 제시하면서 기업의 경영 구조에 대한 이해력을 어필한다.

STEP 1-2	목표 달성 시 회사에 어떠한 영향을 줄 것인지 제시

이 같은 업무 성과는 안정적인 차량 운영을 위한 기반이 될 것이며, 부산교통공사의 사고율 감소를 통한 사업 안정성 확보 및 고객 만족도 향상에 기여할 것입니다.

다음으로 제시한 목표 달성을 위한 구체적인 업무수행 계획을 작성한다. 먼저, 신입사원으로서 업무 파악을 위한 방법을 구체적으로 작성한다.

STEP 2	목표 달성 계획 제시
STEP 2-1	신입사원으로서 업무 파악을 위한 수행 계획 제시

이 같은 목표 달성을 위해 먼저 전기실, 변전실, 전기공급 장비 등 설비별 설계기준, 계통, 적용기술, 필요 자원 등을 바탕으로 운영 현황을 파악하여 설비 운영 프로세스에 대한 이해력을 높이겠습니다.

업무 파악 후 앞에서 제시한 목표 달성을 위한 구체적인 업무 수행 계획을 작성한다. 특히 직무 기술서 내용을 파악하여 실제 업무와 관련한 내용으로 작성한다.

STEP 2-2	주요 업무에 대한 조사를 통한 업무 계획 제시

다음으로 효율적인 설비 운영을 위해 최근 발생한 주요 설비 고장 이슈를 파악하고 빈도가 높은 변수에 대해서는 구체적인 원인 분석을 통해 체계적인 고장 예측 시스템을 갖추도록 하겠습니다. 이를 통해 철도 설비 점검 표준 매뉴얼을 보완하여 현장 중심의 점검 계획을 수립하고 운영하겠습니다.

마지막은 목표 달성 후 기업의 전문가로서 향후 이루고 싶은 새로운 목표(비전)을 제시하며 마무리한다.

STEP 3	향후 이루고 싶은 업무 성과 제시 ➜ 성과 창출을 위한 업무 개선 방향 제시

앞으로 설비 안정성 확보를 최우선의 목표로 하고 철도 및 역사의 전기 공급의 안정성 확보를 위해 부산교통공사에 최적화된 설비 관리 및 운영 시스템을 개발하는 데 기여하겠습니다.

부산교통공사 채용을 대비하기 위한 문항별 자기소개서 작성 TIP에 대해 알아보았다. 자기소개서를 효과적으로 작성하기 위해서는 기업 분석과 직무 분석이 반드시 선행되어야 한다는 사실을 명심하자. 2022년에는 앞서 설명한 내용을 바탕으로 자기소개서에 본인의 직무 역량을 확실하게 어필하여 취업 성공이라는 결실을 맺길 바란다.

◀ 이전 문항으로   제출하기

월간NCS는

매달 최신 취업 트렌드와
100% 새 문항으로
여러분의 합격을 응원합니다.

I

NCS
영역별 최신기출

통합채용 기출 변형 30제

부산광역시, 광주광역시, 대전광역시, 경기도, 수원시 등 지역별 공공기관 통합채용 필기시험 문항에 따라 영역별 최신 출제 유형 및 기출복원 정보를 활용하여 재구성한 문항을 학습할 수 있도록 구성하였습니다.

01	의사소통능력	✓	05	자원관리능력	✓	09	조직이해능력	✓
02	수리능력	✓	06	대인관계능력	☐	10	직업윤리	☐
03	문제해결능력	✓	07	정보능력	✓			
04	자기개발능력	☐	08	기술능력	☐			

난이도 ★★☆☆☆　　　　　　　　　　　　　　　　　　　　　　　2021년 경기도 공공기관 통합채용 기출 변형

01 다음 [보기]에서 문서작성의 원칙에 대한 설명으로 적절하지 <u>않은</u> 것을 모두 고르면?

┤ 보기 ├

ㄱ 문서의 내용을 바로 파악하는 데 도움이 될 수 있도록 간단한 표제를 붙인다.

ㄴ 문서의 형식상 긍정문과 부정문, 의문문을 적극적으로 사용하는 것을 권장한다.

ㄷ 문서를 작성할 때는 문서의 주요 내용, 즉 결론을 먼저 제시하는 두괄식으로 작성한다.

ㄹ 문서는 저작권을 고려하여 작성 시 참고한 자료는 사소한 것이라도 모두 첨부한다.

ㅁ 문서 내용의 이해를 돕기 위해 문장은 육하원칙에 맞춰 최대한 짧고 간결하게 작성한다.

ㅂ 문서를 작성할 때 문서의 의미 전달에 중요하지 않은 경우 한자의 사용은 자제한다.

① ㄱ, ㅁ　　　　　　　　　　② ㄴ, ㄹ　　　　　　　　　　③ ㄱ, ㄴ, ㅂ

④ ㄱ, ㄷ, ㅂ　　　　　　　　⑤ ㄴ, ㄷ, ㄹ, ㅁ

✔ **NCS 핵심이론**　　**문서작성의 원칙**　　　　　　　　　　　　　　※ 모듈형 빈출

1. 문장 구성 시 주의사항
- 간단한 표제를 붙인다.
  문서의 내용을 일목요연하게 파악할 수 있도록 간단한 표제를 붙이면 문서의 내용을 이해하는 데 도움이 된다.
- 문서의 주요 내용을 먼저 쓴다.
  업무와 관련된 문서 작성의 핵심은 결론을 먼저 제시하는 것이다.
- 문장을 짧고, 간결하게 작성하며 불필요한 한자 사용은 배제한다.
  문장은 육하원칙에 맞춰 실질적인 내용을 담을 수 있도록 간결하게 작성하고, 행과 단락을 적절히 배분하여 문서가 체계적으로 구성되도록 한다. 또한, 불필요한 한자의 사용은 자제한다.
- 긍정문으로 작성한다.
  되도록 부정문이나 의문문의 형식은 피한다.

2. 문서작성 시 주의사항
- 문서는 작성 시기를 정확하게 기입한다.
- 문서작성 후 반드시 다시 한 번 내용을 검토해야 한다.
- 문서의 첨부자료는 반드시 필요한 자료 외에는 첨부하지 않는다.
- 문서 내용 중 금액, 수량, 일자 등은 정확하게 기재해야 한다.

02 다음 문단을 논리적 순서에 맞게 배열한 것을 고르면?

(가) 경기도 청년정책에 만족하는 이유에 대해서 전체 응답자의 51.5%가 '다른 지자체보다 적극적인 지원 정책을 수립해 제공'하기 때문이라고 응답했다. 또한, 전체 응답자의 39.8%는 '정책지원 대상을 현재보다 확대해야 한다.'며 현 경기도 정책이 폭넓게 실시되기를 희망했다. 이러한 조사 결과는 코로나19의 장기화에도 불구하고, 경기도의 적극적인 행정 추진력에 대한 만족감을 나타낸 것으로 분석된다.

(나) 1, 2차 여론조사와 1차 숙의토론회를 통해 도출된 결과에 따르면 경기도 청년 정책에 만족한다는 응답이 62.8%로 10명 중 6명은 현재의 경기도 청년 정책에 만족하는 것으로 나타났다. 특히, 경기도 주요 청년정책인 청년기본소득(71.2%), 청년면접수당(78.2%), 기본주택(87.6%)은 설문응답자의 70% 이상이 필요한 정책이라고 판단했다.

(다) 경기도일자리재단 대표이사는 "공론화 조사를 통해 청년들의 청년기본소득, 청년면접수당 등에 대한 정책적 요구가 높다는 것을 알게 된 만큼, 이러한 청년들의 목소리를 지속적으로 담을 수 있는 공론화의 장을 마련하고자 한다."라며 "청년정책별 청년네트워크를 구성하고 청년들의 목소리를 지속적으로 경청해 다양한 의견들을 정책적으로 녹여낼 수 있도록 노력하겠다."고 밝혔다.

(라) 경기도일자리재단은 도내 청년 200명이 참석해 경기도의 청년정책에 대해 의견을 교환하고 정책방향을 이끌어 내는 온라인 숙의토론회를 2021년 4월 3일 진행한다. 재단은 경기도 청년들의 소통·참여·숙의를 통해 청년들의 목소리를 반영한 정책을 수립하고자 전국 최초로 설문조사와 숙의토론회로 이뤄진 공론화 조사를 시행하고 있다. 앞서 재단은 2020년 1차 공론화 조사를 통해 경기도 청년정책에 대한 청년들의 인지도, 필요 등 인식을 조사하고, 일자리, 주거, 자산 등 주요 정책 우선 분야를 파악한 바 있다.

(마) 이어 2021년 3월에 2차로 시행된 여론조사에서는 경기도 거주 만 19~34세 청년 5,000여 명을 대상으로 도내 청년정책에 대한 정보 수집 경로, 정책인지 및 수혜경험, 정책 중요도 및 정책에 대한 인식 여부 등을 중점적으로 조사했다. 이번 숙의토론회는 2차 여론조사 결과에 대한 경기도 청년들의 목소리를 듣고, 청년이 원하는 청년정책 추진과제 도출, 청년정책을 대표하는 슬로건 만들기 등이 진행될 예정이다.

※ 출처: 경기도일자리재단(2021. 04. 02. 보도자료)

① (다) - (라) - (마) - (가) - (나)
② (다) - (마) - (가) - (라) - (나)
③ (라) - (다) - (마) - (가) - (나)
④ (라) - (마) - (가) - (나) - (다)
⑤ (라) - (마) - (나) - (가) - (다)

⏱ 빠른 문항풀이

NCS 필기시험에서는 지원하는 기업과 관련된 지문, 도표, 그래프가 문제로 자료로 출제되는 경우가 다수 있다. 따라서 평소에 지원 기업의 홈페이지에서 보도자료, 보고서, 안내문 등을 통해 기업과 관련된 정보를 꼼꼼하게 확인해 놓으면 면접을 대비할 수 있을 뿐만 아니라 필기시험에 관련 자료가 출제되었을 때 문제의 체감 난도를 낮추고 문제 풀이 시간을 단축할 수 있다.

난이도 ★★★☆☆

03 다음 글을 통해 추론할 수 있는 내용으로 적절하지 <u>않은</u> 것을 고르면?

> 최근 스마트폰 기술이 발달함에 따라 빠르고 손쉬운 인터넷 사용, 시공간의 제약이 없는 커뮤니케이션과 업무, 미디어 접속이 보편화되면서 우리 생활의 큰 틀이 바뀌고 번거로웠던 많은 일이 편리해졌다. 하지만 이와 더불어 스마트폰의 무분별한 사용에 대한 우려의 목소리가 높아지고 있다. 이는 특히 자기 통제력이 미숙한 청소년들에게는 부모와의 주요한 갈등 요인이 되고 있다.
>
> 일반적으로 '중독'이란 특정한 기호나 습관 또는 행동을 반복함으로써 자신도 모르게 어떤 것에 내맡겨지는 상태를 의미한다. 예전에는 주로 마약이나 술과 같은 물질 위주로 정의된 개념이었지만, 최근 사회적 환경의 변화에 따라 인터넷, 도박, 쇼핑 등과 같은 행위 중독으로까지 범위가 확장되었다. 스마트폰 중독은 충동조절 장애나 습관성 행동장애가 야기되는 행위 중독의 일종으로, 스마트폰 사용에 대한 금단과 내성 증상으로 인해 일상생활에 장애가 유발되는 상태로 정의할 수 있다. 금단은 스마트폰을 가지고 있지 않을 때 느끼는 불안, 초조와 같은 증상을 나타내며, 내성은 스마트폰을 의도한 것보다 더 많은 시간 동안 사용하지만 이로 인한 만족감은 점점 줄어드는 상태를 말한다. 다시 말해 스마트폰 사용을 스스로 조절할 수 있는 능력이 상실되었을 때 중독되었다는 말을 사용한다. 충동을 조절하는 기능은 대뇌 중에서도 전두엽에서 이루어지는 기능으로, 뇌 기능에 대한 여러 영상학적 연구들을 통해 인터넷 중독을 포함한 여러 행위 중독에서 전두엽 기능 저하 소견이 보고되고 있다.
>
> 스마트폰이 인터넷을 이용하는 기기의 일종이기 때문에, 스마트폰 중독은 인터넷 중독의 범주 안에 들어간다고 볼 수 있다. 인터넷 중독과 스마트폰 중독은 사용 동기 면에서 즐거움 추구, 외로움을 달래기 위한 수단, 대인관계 유지라는 중요한 공통점이 있다. 그러나 기능적 특성에 따라 스마트폰 중독만의 다른 특징들도 나타난다. 핀란드의 안티 올라스비르타 등의 연구에 따르면 노트북의 1일 사용 시간은 2시간 이내가 95%인 데에 비해, 스마트폰의 1일 사용 시간은 8시간이 90% 이상일 정도로 장시간에 걸친 사용 행태를 보인다.
>
> 이러한 특성으로 인해 사용자 스스로도 자신이 얼마나 사용하고 있는지 점검하기가 어렵고 사용량을 조절하기도 어려워, 스마트폰의 중독성은 더 강력할 수밖에 없다. 따라서 스스로 스마트폰 사용량이 많다고 느껴진다면 하루 중 일정 시간 동안 스마트폰을 꺼놓는 시도를 해보거나, 하루 사용량을 기록해 봄으로써 자신의 중독 여부를 체크해 보는 것이 좋다. 이런 점검을 했을 때 자신이 스마트폰 중독으로 의심된다면, 처음에는 사용 시간과 상황을 기록하는 '스마트폰 일기'를 통해 자율적으로 사용을 조절해 볼 수 있다. 청소년인 자녀가 스마트폰 중독인 것으로 의심될 때는 충분한 대화를 통해 적절한 기준을 정하는 것이 바람직하다. 이때 채팅, 인터넷 서핑, 게임 등의 스마트폰 사용 패턴을 구체적으로 파악한 뒤 각각의 기준을 정하는 것이 좋다. 그러나 이러한 시도 후에도 문제가 해결되지 않을 때는 전문적인 기관을 통해 상담 및 치료를 해야 한다.

① 특정 행위에 중독된 자는 대뇌의 전두엽에서 수행하는 충동 조절 기능이 저하된 것으로 분석된다.
② 청소년은 통제력이 부족하여 스마트폰의 사용으로 인해 부모와 갈등을 일으키는 경우가 많다.
③ 스마트폰은 사용자 본인이 하루에 스마트폰을 얼마나 사용하고 있는지 파악하기 쉽지 않다.
④ 스마트폰 중독 증상 중 내성은 스마트폰이 없을 때 느끼게 되는 부정적 감정을 의미한다.
⑤ 인터넷 중독의 범주에 포함되는 모든 중독이 항상 동일한 특성을 나타내는 것은 아니다.

04 난이도 ★★★☆☆

다음 밑줄 친 ㉠~㉣의 음운 변동에 해당하는 단어를 [보기]에서 골라 바르게 짝지은 것을 고르면?

말소리는 놓이는 음성 환경에 따라 제 소릿값대로 발음되지 않을 때가 있는데, 단어 내부에서 말소리가 바뀌는 현상을 음운 변동이라 한다. 음운 변동은 기준 잡기에 따라 여러 가지로 나눌 수 있는데, 대체로 '교체, 탈락, 첨가, 축약'으로 구분한다.

㉠ <u>교체</u>는 하나의 음운이 다른 음운으로 바뀌는 것을 말한다. 현대 국어에서는 음절 말의 자음이 놓이는 자리에 'ㄱ, ㄴ, ㄷ, ㄹ, ㅁ, ㅂ, ㅇ'의 일곱 소리 이외의 자음이 오면 이 일곱 자음 가운데 하나의 소리로 바뀐다. 이를 음절의 끝소리 규칙이라고 한다.

㉡ <u>탈락</u>은 원래 있던 한 음운이 없어지는 것을 말한다. 국어에서는 흔히 'ㄹ'과 'ㅎ'이 탈락한다. 주로 'ㄹ' 탈락은 파생어나 합성어가 만들어지는 과정에서 나타나며, 'ㅎ' 탈락은 용언의 활용에서 나타난다. 'ㅎ' 탈락을 좀 더 자세히 살펴보면 어간 음절 말의 'ㅎ'과 'ㄶ, ㅀ'의 'ㅎ'은 모음으로 시작하는 어미나 접사 앞에서 탈락한다. 'ㅎ'은 후두음으로 분류하긴 하지만, 사실 그 조음 위치가 뚜렷하지 않아서 뒤따르는 모음의 무성음처럼 발음된다. 따라서 모음 사이나 유성 자음과 모음 사이에서는 제 소릿값을 유지하기 어렵다. 울림소리 사이의 'ㅎ'이 탈락하는 것은 이 때문이다.

㉢ <u>첨가</u>는 원래 없던 소리가 추가되는 현상을 말한다. 국어의 음운 첨가에는 사잇소리 현상과 'ㄴ' 첨가 현상이 있다. 합성이나 파생의 과정에서 앞말이 모음이나 유성 자음으로 끝날 때 사잇소리가 첨가되는 경우가 있는데, 이때에는 된소리되기나 비음동화 등이 이어진다. 한편, 합성어나 파생어에서 앞말이 자음으로 끝나고 뒷말의 첫 음절이 모음 'ㅣ'나 반모음 'ㅣ'로 시작하는 경우 뒷말의 초성 자리에 'ㄴ'이 첨가되는 경우가 있다.

㉣ <u>축약</u>은 두 음운이 하나로 합쳐지는 현상을 말하는데, '거센소리되기'와 ' 모음 축약' 현상이 여기에 속한다. 거센소리되기란 파열음이나 파찰음의 예사소리가 'ㅎ'과 결합하여 거센소리로 바뀌는 현상이다. 한편, 어간의 끝 모음과 어미의 첫 모음이 만날 때 두 모음이 하나로 축약된다. 이러한 현상을 모음 축약 현상이라 한다.

┤보기├

ㄱ. 잎
ㄴ. 쌓이다
ㄷ. 한여름
ㄹ. 잡히다
ㅁ. 솜이불
ㅂ. 부엌
ㅅ. 놓다
ㅇ. 따님(딸+님)

	㉠	㉡	㉢	㉣
①	ㄱ, ㅂ	ㄴ, ㅇ	ㄷ, ㅁ	ㄹ, ㅅ
②	ㄱ, ㅂ	ㄴ, ㅇ	ㄷ, ㄹ	ㅁ, ㅅ
③	ㄴ, ㅂ	ㄷ, ㅅ	ㄱ, ㄹ	ㅁ, ㅇ
④	ㄴ, ㅇ	ㄷ, ㅁ	ㄱ, ㅅ	ㄹ, ㅂ
⑤	ㄷ, ㅁ	ㅅ, ㅇ	ㄱ, ㄹ	ㄴ, ㅂ

2021년 과학기술분야 정부출연연구기관(대전) 합동채용 기출 변형

난이도 ★★★★☆

05 다음 글을 통해 추론할 수 있는 내용으로 적절하지 **않은** 것은?

비보호 좌회전은 교차로에서 별도의 좌회전 신호를 주지 않고, 직진 신호일 때 좌회전을 허용하는 방식이다. 즉 좌회전 신호가 따로 없고, 녹색 신호가 들어왔을 때 반대쪽의 직진 차량이 없는 틈을 타서 좌회전을 하는 방법이다. 교차로 내의 불필요한 대기 시간을 줄여 교통 흐름을 원활하게 하고 연료 낭비를 줄이는 효과가 있어 도입하기 시작하였으며, 주로 시간당 좌회전 교통량이 많지 않은 교차로에 설정한다.

비보호 좌회전에서 '비보호'란 해당 구간에서 사고가 발생하면 법적으로 보호받지 못함을 의미한다. 따라서 비보호 좌회전 교차로에서는 신호등이 녹색일 때 운전자의 판단에 따라 좌회전을 허용하지만, 다른 도로와 마찬가지로 신호등이 적색일 때는 정지해야 한다. 비보호 좌회전 교차로에서 자신이 위치한 도로에 적색 신호가 켜졌다는 것은 좌우 방향 도로에 녹색 신호가 켜졌음을 뜻한다. 그래서 마주보는 도로에 직진 차량이 없더라도, 좌회전 시 왼쪽 도로에서 다가오는 차량에 측면 충돌을 당할 수 있다.

적색 시의 좌회전은 엄연한 신호위반에 해당하여 승용차는 6만 원, 승합차는 7만 원의 벌금과 15점의 벌점이 부과된다. 그러나 신호등이 녹색이라도 비보호 좌회전 중 사고가 발생한 경우에 좌회전 중인 차량에 더 큰 과실이 책정되므로 운전자는 항상 사고 위험에 대비해야 한다. 또 비보호 좌회전 교차로에서 녹색 신호가 켜질 때 좌측 도로의 횡단보도 보행자 신호도 동시에 켜지는 경우가 있어 주의해야 한다. 이때 맞은편 차량만 주시하고 좌회전을 시도하다 인명피해가 발생하면 사고 운전자는 보행자 보호 의무 위반으로 5년 이하의 금고 또는 2천만 원 이하의 벌금 처벌을 받는다.

비보호 좌회전 교차로에 좌회전 신호가 함께 있는 '비보호 겸용 좌회전' 구간도 있다. 이는 좌회전 신호가 켜졌을 때만 좌회전을 할 수 있는 교차로에서 직진 신호일 때 좌회전을 할 수 있는 비보호 좌회전 방식을 추가한 것이다. 이 교차로에서는 좌회전 신호와 직진 신호 시 둘 다 좌회전이 허용된다.

한편 운전자들이 비보호 좌회전만큼 헷갈려 하는 비보호 유턴 구역은 어떨까? 일반적인 유턴 표지판 아래에는 유턴이 가능한 조건들이 보조 표시로 적혀 있다. 예를 들어 '보행신호시'라고 적힌 유턴 보조 표지판이 있을 경우 횡단보도 신호가 녹색일 때 유턴이 가능하며 이때 횡단보도를 침범해서는 안 된다. 또한 '좌회전시' 보조 표지판은 좌회전 신호가 들어왔을 때에만 유턴이 가능하다는 뜻이며, '승용차에한함'의 경우와 같이 도로 너비나 무게, 차종에 따라 제한이 따르는 경우도 있다. 이와 달리 비보호 유턴은 아무런 보조 표시가 없으며 전방 신호등의 색깔과 상관없이 자유롭게 유턴할 수 있다. 단, 사고 시 과실이 유턴하는 차량에 있으므로 차량 소통에 지장을 주지 않고 반대편 차량과 교통사고가 나지 않도록 주의해야 한다.

---

① 좌회전 신호가 켜졌을 때 좌회전할 수 있는 교차로라도 비보호 좌회전이 가능할 수 있다.
② 비보호 좌회전 신호가 허용되는 교차로는 그렇지 않은 교차로보다 좌회전하는 차량이 적을 것이다.
③ 직진 신호에 비보호 좌회전하는 차량과 좌측 도로에서 우회전하는 차량이 충돌한 경우 좌회전 차량의 책임이 더 크게 책정된다.
④ 비보호 좌회전 시 직진 신호에 좌회전했어도 좌측 도로의 횡단보도가 녹색일 경우 신호위반이다.
⑤ 아무런 보조 표지판이 없는 유턴 표지판이 설치된 교차로에서는 적색 신호일 때 유턴할 수 있다.

06 다음 글을 읽고 [보기]의 내용이 들어갈 위치로 가장 적절한 것을 고르면?

(가) 인공지능은 얼굴인식이나 음성인식 등을 이용한 광고 등 비교적 간단한 일에서부터 의료 서비스나 주식시장 예측 등 복잡하고 중요한 일까지 처리하고 있다. 현재 인공지능 기술의 수준을 결정하는 것은 얼마나 많은 양의 데이터를 얼마나 빠르고 정확하게 학습시킬 수 있는지에 있다. 이에 따라 중요해지고 있는 것이 바로 인공지능을 구동할 하드웨어, 그중에서도 CPU와 GPU 등의 시스템 반도체다.

(나) 대부분의 인공지능에는 병렬연산에 효율적인 GPU를 사용한다. 많은 양의 데이터를 처리해야 하는 인공지능 학습에는 하나의 복잡한 계산을 빠르게 처리하는 직렬연산보다, 다수의 계산을 동시에 천천히 처리하는 병렬연산이 효율적이다. 그러나 인공지능이 갈수록 복잡해지면서, 여기에 사용되는 GPU의 가격도 높아졌다. 개당 가격이 최대 수천만 원에 이르며, 이마저도 하루가 다르게 복잡해지는 인공지능 연산에는 부족한 경우가 많다. 이 경우 여러 개의 GPU를 연결하여 사용하게 되는데, 수천 개의 GPU가 필요하고 큰 전력을 소모해 큰 비용이 드는 경우가 대다수다.

(다) 이에 인공지능 알고리즘을 더 효율적으로 구동할 수 있는 인공지능 전용반도체, NPU의 연구·개발에 뛰어드는 곳이 많아지고 있다. NPU는 인간의 뇌를 모방해 설계된 장치로, 인공지능 기술의 핵심인 딥러닝 알고리즘 연산에 특화됐다. 전통적인 시스템반도체가 그래픽 작업이나 범용 연산을 위해 만들어진 것과 달리, NPU는 애초에 그 설계부터 인공지능 알고리즘의 최적화를 목표로 만들어진 것이다.

(라) 현재 인공지능 반도체 설계에 가장 널리 사용되는 방법은 인공지능 알고리즘의 연산 과정을 하드웨어적으로 구현하는 것이다. 기본적으로 반도체가 데이터를 처리하기 위해서는 데이터를 저장하는 메모리반도체에서 연산을 처리하는 시스템반도체로 데이터를 이동시켜 연산을 처리해야 한다. 이 같은 방식에서 연산 처리를 위해 데이터를 불러오는 과정을 없애고 하나의 칩에서 데이터 저장과 연산을 처리할 수 있도록 개발되고 있는 것이 지능형 메모리 반도체 PIM다.

(마) PIM이 주목받는 이유는 '폰 노이만 구조'의 한계를 극복할 수 있는 구조이기 때문이다. 폰 노이만 구조에서는 명령을 입력하고 이를 CPU가 처리하는 과정에서 명령을 담은 프로그램과 데이터를 읽고 쓰는 활동이 모두 메모리에 기반을 두고 이뤄진다. 폰 노이만 구조는 현대 컴퓨터 대부분에 적용되어 있지만, '폰 노이만 병목'이라는 한계가 있다. 프로그램과 데이터가 저장되는 메모리가 연산 장치와 구분되어 있다 보니 연산을 처리하는 시스템반도체의 성능이 아무리 좋아지더라도 메모리에서 데이터를 불러오는 속도가 이를 따라가지 못하면 시스템 전체의 성능이 떨어지게 된다.

┤ 보기 ├

반면 PIM은 하나의 칩에 데이터를 저장하는 회로와 연산하는 회로를 모두 집적하는 구조로 설계한다. 이렇게 설계된 PIM은 메모리반도체에서 시스템반도체로 데이터를 불러오는 과정이 크게 단축되거나 아예 사라져, 연산 효율을 높이는 것은 물론 데이터 전송에 필요한 전력도 크게 줄일 수 있다.

① (가) 문단 뒤 ② (나) 문단 뒤 ③ (다) 문단 뒤
④ (라) 문단 뒤 ⑤ (마) 문단 뒤

난이도 ★★★★☆

07 다음 글의 내용과 일치하는 것을 고르면?

　　CCL은 저작권자가 자신의 저작물에 대한 이용방법과 조건을 표기하는 일종의 표준약관이자 저작물 이용 허락 표시를 일컫는다. 저작자가 저작물의 이용방법 및 조건을 규격화한 몇 가지 표준 라이선스 중에서 자신이 원하는 라이선스 유형을 선택해 저작물에 표시한다. 저작권자가 CCL 라이선스를 저작물에 첨부하고 이용자가 이를 확인하면 저작권자와 이용자 사이에 별다른 접촉을 통하지 않더라도 이용 허락의 법률관계가 발생한다.

　　CCL은 저작권의 부분적 공유를 목적으로 미국에서 설립된 'Creative Commons'라는 비영리 기구가 2001년에 제안하였는데, 이 기구에서 창작자마다 원하는 이용 조건과 표현 방식을 통일해 CCL을 배포하였다. 우리나라에는 2005년 3월 CCL이 처음 도입됐으며, 사단법인 한국정보법학회가 국내법에 맞는 CCL 규약을 개발해 발표하고 있다.

　　CCL 라이선스 유형은 크게 저작자 표시, 비영리, 변경 금지, 동일 조건 변경 허락의 네 가지로 구분된다. 우선 저작자 표시(BY)는 저작자 이름, 출처 등 저작자에 대한 사항을 반드시 표시해야 함을 의미한다. 비영리(NC)는 저작물을 영리 목적으로 사용할 수 없음을, 변경 금지(ND)는 저작물을 변경할 수 없을 뜻한다. 마지막으로 동일조건 변경 허락(SA)은 동일한 라이선스 표시 조건 하에서 저작물을 활용한 다른 저작물 제작을 허용함을 나타낸다. 이러한 CCL 라이선스 유형을 기반으로 한 자유이용허락 표시는 다음과 같은 6가지로 분류된다.

[표] CCL(자유이용허락) 조건

라이선스		이용 조건
	저작자 표시	저작물 · 저작자명 및 출처, CCL 조건만 표시한다면 제한 없이 자유롭게 이용할 수 있음
	저작자 표시－비영리	저작물 · 저작자명 및 출처, CCL 조건을 표시하면 자유롭게 이용할 수 있지만, 상업적으로는 이용할 수 없음
	저작자 표시－변경 금지	저작물 · 저작자명 및 출처, CCL 조건을 표시하면 자유롭게 이용할 수 있지만, 저작물을 변경하거나 저작물을 이용하여 새롭게 2차적 저작물을 제작하는 것을 금지함
	저작자 표시－동일 조건변경허락	저작물 · 저작자명 및 출처, CCL 조건을 표시하면 자유롭게 이용할 수 있음. 다만, 저작물을 이용하여 새롭게 2차적 저작물을 제작하는 것은 허용하되, 새로운 저작물에 원 저작물과 동일한 라이선스를 적용해야 함

	저작자 표시－비영리－동일조건변경허락	저작물·저작자명 및 출처, CCL 조건을 표시하면 자유롭게 이용할 수 있지만, 상업적으로는 이용할 수 없음. 또한, 저작물을 이용하여 새롭게 2차적 저작물을 제작하는 것은 허용하되, 새로운 저작물에 원 저작물과 동일한 라이선스를 적용해야 함
	저작자 표시－비영리－변경금지	저작물·저작자명 및 출처, CCL 조건을 표시하면 자유롭게 이용할 수 있지만, 상업적으로는 이용할 수 없음. 또한, 저작물을 변경하거나 저작물을 이용하여 새롭게 2차적 저작물을 제작하는 것을 금지함

※ 2차적 저작물: 번역, 편곡, 변형, 각색, 영상제작 등

① '저작자 표시－변경 금지' CCL 라이선스가 표시되어 있는 악보를 편곡하는 것은 법에 저촉되지 않는다.

② CCL 라이선스 유형을 바탕으로 한 자유 이용 허락 표시는 크게 네 가지로 구분하여 나타낼 수 있다.

③ CCL이 표시된 모든 저작물에는 저작자에 대한 사항을 반드시 표기해야 한다는 저작자 표시 (BY)가 포함된다.

④ 이용자가 저작물에 첨부되어 있는 CCL 라이선스를 확인했더라도 상업적 이용 허락은 별도로 받아야 한다.

⑤ Creative commons라는 비영리 기구가 우리나라의 국내법에 맞는 CCL 규약을 개발하여 발표하고 있다.

2021년 과학기술분야 정부출연연구기관(대전) 합동채용 기출 변형

난이도 ★★★★★

08 다음 글을 통해 추론할 수 있는 내용으로 적절한 것을 고르면?

연료전지는 연료와 산화제를 전기화학적으로 반응시켜 전기에너지를 만드는 장치이다. 다른 종류의 전지들과 마찬가지로 2개의 전극, 분리막, 전해질 등이 사용되며, 자발적으로 진행되는 화학반응으로 전기에너지를 만들어낸다. 다만, 건전지와 같이 한 번 쓰고 버리는 1차 전지, 리튬 이온 전지와 같이 충전 방전을 반복하여 쓰는 2차 전지와 달리 외부에서 지속적으로 연료와 산소를 공급받아야 화학반응을 통해 전기를 공급한다는 점에서 3차 전지로 분류된다.

연료전지의 핵심 구성요소는 아노드와 캐소드, 그리고 전해질이다. 아노드에서 산화작용이 일어나면서 (+) 전기를 띠는 수소이온과 전자를 방출하면, 발생된 전자가 외부의 도선을 통해 아노드에서 캐소드로 이동하면서 직류 전류가 발생한다. 그리고 전해질은 (+) 전기를 띠는 수소이온, 즉 양이온이 연료전지의 두 극인 아노드와 캐소드 사이에서 이동이 가능하게 하는 역할을 한다. 캐소드에서는 이동된 수소이온과 도선을 통해 이동한 전자, 외부에서 공급된 공기 중의 산소와 결합하여 수증기를 만들어 배출한다. 즉 연료전지는 전기 에너지 이외에도 물과 열을 발생시키며, 종류에 따라 이산화질소와 같은 화학 배출물을 발생시키기도 한다.

연료전지는 일반적으로 명칭에 연료 혹은 전해질의 이름을 붙여 그것의 특징을 나타낸다. 일례로 수소 연료전지, 메탄올 연료전지 등은 연료의 특성을 따서 명명한 것이며, 인산염 연료전지, 고체산화물 연료전지는 각각 전해질로 인산, 고체산화물을 전해질로 사용하는 연료전지다. 연료전지는 종류별로 작동온도 및 시간, 효율, 사용목적 등이 다르다. 연료전지의 시동시간이 1초인 고분자전해질 연료전지와 10분인 고체산화물 연료전지를 예로 들어 보자. 먼저 수소이온을 투과시킬 수 있는 고분자막을 전해질로 사용하는 고분자전해질 연료전지는 다른 연료전지보다 출력이 크고, 100℃ 미만의 저온에서도 작동한다. 이는 수소 외에도 메탄올이나 천연가스를 연료로 사용할 수 있어 자동차의 동력원으로서 적합하다. 고체산화물 연료전지는 산소 또는 수소이온을 투과시킬 수 있는 고체산화물을 전해질로 사용하며, 연료전지 중 가장 높은 온도인 700~1000℃에서 작동한다. 구성요소가 모두 고체로 이루어져 있어 전해질 손실 및 보충의 문제나 부식의 문제없이 폐열을 이용하여 열 복합 발전을 할 수 있다.

연료전지는 이동형 기기 및 발전 용도에서 다양하게 활용될 수 있다. 연료 전지가 탑재된 자동차도 상용화 목적으로 제작되었는데, 현재 수소 연료전지를 이용한 수소연료전지차가 시중에 판매되고 있다. 수소연료전지차는 가솔린 내연기관 대신 수소와 공기 중의 산소를 반응시켜 얻은 전기를 이용해 모터를 구동하는 방식으로, 엔진이 없어 배기가스 및 오염물질을 배출하지 않는다. 물론 공기 중 질소가 산소와 반응해 일부 이산화질소로 변환되므로 완전한 무공해는 아니지만, 화석연료를 사용하는 자동차에 비해 배출량이 적기 때문에 친환경 자동차로 불린다. 그러나 수소 생산과정에서 이산화탄소를 대량으로 배출하므로 완전한 친환경이라 할 수는 없다. 수소를 생산할 수 있는 방법 자체는 많이 있지만 친환경 방법이라 할 수 있는 전기분해는 경제성이 낮아서 아직까지는 대량생산과 경제성을 확보하기 위해 추가적인 기술 개발이 더 필요하다.

① 용융탄산염 연료전지는 100℃ 이상에서만 작동할 것이다.
② 연료전지는 전지 내에 미리 채워놓은 화학물질만으로 전기를 공급할 수 있다.
③ 아노드와 캐소드를 연결하는 외부 도선을 이동하는 수소이온이 많을수록 전압이 셀 것이다.
④ 메탄올 연료전지에서 메탄올은 전지의 두 극 사이에서 양이온의 이동을 가능하도록 한다.
⑤ 수소연료전지차는 수소와 산소의 반응으로 생산된 전기가 모터를 구동하므로 엔진이 탑재되지 않는다.

수리능력

2020년 부산교통공사 기출 변형

난이도 ★★★☆☆

01 다음 [표]는 갑~정 4명이 작성한 1~7번 문제의 답안과 점수에 관한 자료이다. 이를 바탕으로 1~7번 문제의 정답을 차례대로 바르게 나열한 것을 고르면?

[표] 갑~정 4명이 작성한 1~7번 문제의 답안과 점수

구분	1번	2번	3번	4번	5번	6번	7번	총점(점)
갑	A	B	A	A	B	A	B	65
을	A	B	A	B	A	B	B	70
병	B	B	A	B	A	A	A	30
정	B	A	B	A	A	B	A	45

※ 1) 모든 문제의 정답은 A 또는 B이다.
   2) 배점은 1~5번 문제는 각 10점, 6~7번 문제는 각 25점으로 총 100점 만점이다.

① A, A, B, A, A, B, B
② A, A, B, B, A, A, B
③ A, B, A, B, B, A, A
④ B, B, A, A, B, B, B
⑤ B, B, B, A, A, B, B

📊 **단계별 접근방법**

1. 1~5번 문제의 배점은 각 10점, 6~7번 문제의 배점은 각 25점이라고 하였으므로 6~7번 문제 중 하나를 맞히면 총점의 일의 자리가 5가 되고, 6~7번 문제를 모두 맞히거나 틀렸다면 총점의 일의 자리는 0이 된다.
2. 6~7번 문제의 답안을 총점이 70점인 을은 B, B, 총점이 30점인 병은 A, A라고 하였으므로 둘 중 한 명은 6~7번 문제를 모두 맞혔고, 다른 한 명은 둘 다 틀렸음을 알 수 있다. 이를 통해 6~7번 문제의 정답을 확인한다.
3. 이를 바탕으로 갑~정이 6~7번 문제로 얻은 점수를 계산하여 총점에서 빼면 1~5번 문제로 얻은 점수를 확인할 수 있다.
4. 6~7번 문제의 정답을 찾는 과정과 동일하게 갑~정의 1~5번 문제 답안에서 서로 다른 부분을 확인하고 1~5번 문제로 얻은 점수를 고려하여 1~5번 문제의 정답을 찾는다.

난이도 ★★★☆☆

2021년 과학기술분야 정부출연연구기관(대전) 합동채용 기출 변형

02 D사의 연구부 직원 8명은 컨퍼런스 준비를 위해 2대의 차량에 나누어 탑승하여 행사장으로 출발하기로 하였다. 2대의 차량은 각각 세단 1대와 SUV 1대이며, 세단에는 3명, SUV에는 7명까지 탑승할 수 있다. 이때 8명이 2대의 차량에 나누어 탑승할 수 있는 경우의 수를 고르면?

① 76가지 ② 80가지 ③ 84가지
④ 88가지 ⑤ 92가지

난이도 ★★☆☆☆

2020년 부산교통공사 기출 변형

03 다음 숫자들이 일정한 규칙에 의해 배열되었을 때, 빈칸에 들어갈 알맞은 숫자를 고르면?

576	18

912	12

120	3

348	( )

① 15 ② 24 ③ 32
④ 48 ⑤ 87

04 KF80 마스크와 KF94 마스크를 생산하는 A공장에서 지난달에 생산한 마스크 총 생산량은 50,000개였다. 이번 달에 코로나 19 변이 바이러스로 인해 KF94 마스크의 수요가 증가할 것으로 예측되어 KF80 마스크의 생산량을 4% 감소시키고, KF94 마스크의 생산량을 15% 증가시켰다. 이번 달 A공장의 마스크 총 생산량이 지난달 대비 1,800개 증가하였다고 할 때, 이번 달에 생산한 KF94 마스크의 개수를 고르면?

① 18,000개   ② 20,000개   ③ 23,000개
④ 28,000개   ⑤ 30,000개

05 다음 [표]는 매일 아침 H역에서 동시에 출발하여 순환하는 A, B, C열차의 운행 정보에 관한 자료이다. 세 열차가 H역에서 동시에 출발한 뒤 다시 H역에서 동시에 출발하기 위해서는 B열차가 몇 바퀴를 돌아야 하는지 고르면?(단, A, B, C열차의 정차역에는 H역이 포함된다.)

[표] A, B, C열차의 운행 정보

구분	정차역	역별 정차시간	역 사이 이동시간
A	50개	2분	2분
B	32개	2분	2.5분
C	20개	2분	3분

① 8바퀴   ② 11바퀴   ③ 13바퀴
④ 15바퀴   ⑤ 18바퀴

[06~07] 다음 [그래프]는 2011~2021년 연도별 벼 재배면적 및 쌀 생산량 추이에 대한 자료이다. 이를 바탕으로 각 질문에 답하시오.

[그래프] 2011~2021년 연도별 벼 재배면적 및 쌀 생산량 추이

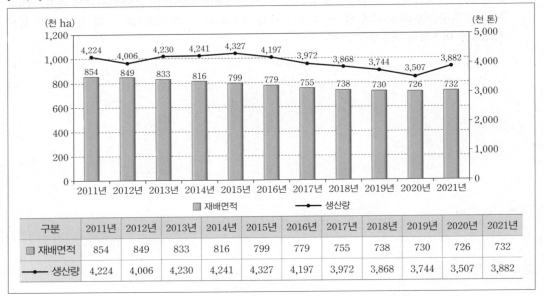

구분	2011년	2012년	2013년	2014년	2015년	2016년	2017년	2018년	2019년	2020년	2021년
▢ 재배면적	854	849	833	816	799	779	755	738	730	726	732
●— 생산량	4,224	4,006	4,230	4,241	4,327	4,197	3,972	3,868	3,744	3,507	3,882

난이도 ★★★★★　　　　　　　　　　　　　2021년 과학기술분야 정부출연연구기관(대전) 합동채용 기출 변형

06 2022년 쌀 재배면적과 생산량이 각각 다음과 같이 예상된다고 할 때, 예상되는 1m²당 쌀 생산량을 **고르면?**(단, 1ha=10,000m²이며, 소수점 아래 둘째 자리에서 반올림하여 계산한다.)

- 2022년 쌀 재배면적의 전년 대비 증가율은 2016년 전년 대비 쌀 재배면적 증가율과 같을 것으로 예상됨(단, 증가율은 소수점 아래 첫째 자리에서 버림한다.)
- 2022년 쌀 생산량의 전년 대비 증가량은 2021년 전년 대비 쌀 생산량의 증가량과 같을 것으로 예상됨

① 0.6톤/m²　　　　　　② 0.7톤/m²　　　　　　③ 0.8톤/m²
④ 0.9톤/m²　　　　　　⑤ 1.0톤/m²

2021년 과학기술분야 정부출연연구기관(대전) 합동채용 기출 변형

07 다음은 D공사에 재직 중인 김 사원이 작성한 보고서의 일부이다. 주어진 자료를 고려하였을 때, 밑줄 친 ㉠~㉣ 중 옳은 설명을 모두 고르면?

- ㉠ 2021년 재배면적은 73만 2천 ha로 2020년 재배면적 72만 6천 ha보다 약 0.8% 증가
  - 쌀 가격 상승세와 「논 타작물 재배 지원 사업」 종료에 따라 금년도 벼 재배면적 증가
    ※ 쌀 가격(농산물 유통정보, 쌀, 상품, 20kg, 도매, 연평균)
    2018년: 45,412원 → 2019년: 48,630원 → 2020년: 49,872원 → 2021년: 58,287원
- ㉡ 2021년 쌀 생산량은 388만 2천 톤으로 2020년의 350만 7천 톤 대비 약 10.7% 증가
- ㉢ 2021년 1ha당 쌀 생산량은 5.30톤으로 2020년의 4.83톤 대비 9.8% 증가
  - 조정 현백률 90.4% 적용 시: 2020년: 470kg → 2021년: 516kg
  - 낟알이 형성되는 시기(유수형성 및 수잉기): 평균기온 상승, 강수량 감소, 일조시간 증가 등 적절한 기상으로 완전낟알수 증가
    - 1m²당 완전낟알수: 2020년: 28,342개 → 2021년: 30,725개(8.4%↑)
  - 벼 낟알이 익는 시기(등숙기): 평균기온 상승 및 강수량 감소 등으로 10ha당 생산량 증가

---

① ㉠ ② ㉡ ③ ㉠, ㉢
④ ㉡, ㉢ ⑤ ㉠, ㉡, ㉢

2020년 부산교통공사 기출 변형

난이도 ★★★☆☆

08 다음 [표]는 조리기능사 필기시험 현황에 관한 자료이다. 이에 대한 설명으로 옳은 것을 고르면?

[표] 조리기능사 필기시험 현황 (단위: 명)

구분	대상자		응시자		합격자	
	2018년	2019년	2018년	2019년	2018년	2019년
한식	98,887	100,148	83,697	83,109	36,808	38,388
양식	31,802	37,327	26,804	30,657	10,457	12,827
일식	4,616	6,624	3,665	5,337	1,893	3,098
중식	7,218	11,909	5,863	9,717	2,392	4,657
합계	142,523	156,008	120,029	128,820	51,550	58,970

※ 합격률(%): 응시자에 대한 합격자의 비율

① 2019년에 한식과 양식 조리기능사 필기시험의 대상자, 응시자, 합격자는 모두 전년 대비 증가하였다.

② 2019년의 전년 대비 조리기능사 필기시험 합격자 증가 인원은 한식, 일식, 중식 분야 중 중식이 가장 적다.

③ 2019년 조리기능사 필기시험 응시자 중 양식 조리기능사가 차지하는 비중은 전년보다 감소하였다.

④ 한식, 양식, 일식, 중식 분야 모두 2019년의 조리기능사 필기시험 합격률이 각각 45% 이상이다.

⑤ 한식, 양식, 중식 분야 중 2018년과 2019년 모두 조리기능사 필기시험 불합격률이 가장 높은 분야는 양식이다.

매달 만나는 최신 취업 트렌드, 에듀윌 공기업 월간NCS

문제해결능력

2021년 광주광역시 공공기관 통합채용 기출 변형

난이도 ★★★☆☆

01 다음 사례에 나타난 장 과장의 문제해결을 위한 기본적 사고를 고르면?

> 식자재를 생산하여 수출하는 L사는 경쟁업체인 M사 대비 판매율과 인지도가 낮은 편에 속하는데, L사의 임직원들은 이러한 현실을 변화시키기 위해 노력하기보다는 수용하고 있는 상황이다. L사에 경력직으로 입사하게 된 장 과장은 업계의 상황을 바꾸어 보고자 L사와 M사 사이의 차이점을 객관적으로 면밀히 분석하였다. 장 과장의 분석 결과 소비자가 위생에 점점 더 예민해지고 있는데, L사는 위생 의식에 대한 교육이 M사보다 뒤쳐져 있다는 점을 확인하였다. 장 과장은 이 결과를 바탕으로 위생 의식 교육 강화의 필요성에 관한 보고서를 작성하여 상부에 보고하였다.

① 전략적 사고
② 분석적 사고
③ 과학적 사고
④ 발상의 전환
⑤ 내·외부자원 활용

✓ **NCS 핵심이론**　**문제해결을 위한 기본적 사고**　　　　✦ 모듈형 빈출

- 전략적 사고
  - 현재 당면하고 있는 문제와 그 해결 방법에만 집착하지 말고, 그 문제와 해결 방안이 상위 시스템 또는 다른 문제와 어떻게 연결되어 있는지를 생각함
- 분석적 사고
  - 전체를 각각의 요소로 나누어 그 요소의 의미를 도출한 다음 우선순위를 부여하고 구체적인 문제해결 방법을 실행하는 것이 요구됨
  - 문제의 성격에 따라 요구되는 세 가지 사고

성과 지향의 문제	기대하는 결과를 명시하고 효과적으로 달성하는 방법을 사전에 구상하고 실행함
가설 지향의 문제	현상 및 원인 분석 전에 지식과 경험을 바탕으로 일의 과정이나 결과, 결론을 가정한 다음 검증 후 사실일 경우 다음 단계의 일을 수행함
사실 지향의 문제	일상 업무에서 일어나는 상식, 편견을 타파하여 객관적 사실로부터 사고와 행동을 출발함

- 발상의 전환
  - 사물과 세상을 바라보는 인식의 틀을 전환하여 새로운 관점에서 바로 보는 사고를 지향함
- 내·외부자원 활용
  - 문제해결 시 기술, 재료, 방법, 사람 등 필요한 자원 확보 계획을 수립하고 내·외부자원을 효과적으로 활용함

난이도 ★★★★☆   2021년 경기도 공공기관 통합채용 기출 변형

02 다음 [보기]에서 업무수행 과정 중 발생할 수 있는 탐색형 문제에 해당하는 것을 모두 고르면?

┤ 보기 ├
ㄱ 작업자의 자발적 품질 개선 활동
ㄴ 주력 제품의 시장 점유율의 저하
ㄷ 기존에 사용하던 기계의 고장
ㄹ 이익 창출을 위한 신규 사업 진출
ㅁ 현업 부서의 업무 생산성 제고 활동

① ㄱ, ㄹ   ② ㄱ, ㅁ   ③ ㄴ, ㄷ
④ ㄴ, ㄹ   ⑤ ㄷ, ㅁ

✓ **NCS 핵심이론** **업무수행 과정 중 발생한 문제의 유형**   ⭐ 모듈형 빈출

- 발생형 문제(보이는 문제)
  – 우리 눈앞에 발생되어 당장 걱정하고 해결하기 위해 고민하는 문제
  – 어떤 기준을 일탈함으로써 생기는 일탈 문제와 기준에 미달하여 생기는 미달 문제로 대변되며 원상복귀가 필요함
  – 문제의 원인이 내재되어 있기 때문에 원인 지향적 문제라고도 불림
- 탐색형 문제(찾는 문제)
  – 현재 상황을 개선하거나 효율을 높이기 위한 문제
  – 눈에 보이지 않는 문제로, 이를 방치하면 뒤에 큰 손실이 따르거나 결국 해결할 수 없는 문제로 확대되기도 함
  – 잠재 문제, 예측 문제, 발견 문제의 세 가지 형태로 구분됨
- 설정형 문제(미래 문제)
  – 미래 상황에 대응하는 장래 경영전략의 문제로 '앞으로 어떻게 할 것인가'에 대한 문제
  – 지금까지 해오던 것과 전혀 관계없이 미래 지향적으로 새로운 과제 또는 목표를 설정함에 따라 일어나는 문제로서 목표 지향적
    문제라고 할 수 있음
  – 문제를 해결하는 데 많은 창조적인 노력이 요구되어 창조적 문제라고도 불림

난이도 ★★★★☆

2021년 대전광역시 통합채용 기출 변형

03 A사는 자사 임직원을 대상으로 A사에서 만든 휴대폰 사용을 권장하고 있으나, 아직 2명의 신입사원이 B사 휴대폰을 사용하고 있다. 다음 [보기]의 진술에서 5명의 신입사원 중 한 명이 거짓을, 나머지 네 명이 진실을 말하고 있다고 할 때, B사 휴대폰을 사용하고 있는 신입사원을 고르면?(단, 거짓을 말하는 사람의 진술에는 진실이 포함되어 있지 않다.)

┤ 보기 ├─

- 갑: 나는 A사 휴대폰을 사용하고 있고, 병도 A사 휴대폰을 사용하고 있어.
- 을: 병은 A사 휴대폰을 사용하고 있고, 무도 A사 휴대폰을 사용하고 있어.
- 병: 을은 B사 휴대폰을 사용하고 있고, 나와 갑은 같은 회사에서 만든 휴대폰을 사용하고 있어.
- 정: 나는 아직 B사 휴대폰을 사용하고 있지만, 무는 A사 휴대폰을 사용하고 있어.
- 무: 거짓을 말하고 있는 사람은 B사 휴대폰을 사용하고 있어.

① 갑, 병   ② 갑, 정   ③ 을, 정   ④ 을, 무   ⑤ 병, 무

난이도 ★★★☆☆

2020년 부산교통공사 기출 변형

04 다음 글을 읽고 RY, Ry, rY, ry 4종류의 생식세포가 수정하여 생기게 될 완두콩의 유전자형 중 둥글고 황색인 완두콩의 생성 확률과 주름지고 녹색인 완두콩의 생성 확률의 차를 고르면?

생물의 형질을 나타내는 유전자의 조합을 기호로 표시한 것을 유전자형이라 한다. 유전자형은 2개의 대립되는 유전자에 의해 형질이 나타나므로 2개의 문자로 표시하며, 우열의 법칙에 의해 대문자로 표시된 우성 유전자만을 가진 경우와 소문자로 표시된 열성 유전자를 함께 가진 경우에는 우성 형질이, 열성 유전자만을 가진 경우에는 열성 형질이 나타난다. 완두콩을 예로 들면 다음과 같다.

- 황색 − YY 또는 Yy
- 녹색 − yy
- 둥글다 − RR 또는 Rr
- 주름지다 − rr

RRYY 유전자를 가진 둥글고 황색인 완두콩과 rryy 유전자를 가진 주름지고 녹색인 완두콩의 세포가 감수분열을 하면 각각 RY와 ry 유전자를 가진 생식세포가 생성되는데, 이 두 세포를 수정시키면 RrYy 유전자를 가진 둥글고 황색인 완두콩을 얻을 수 있다. 이때, 새로 얻은 둥글고 황색인 완두콩이 다시 감수분열을 하면 RY, Ry, rY, ry 4종류의 생식세포가 생기게 된다.

① $\dfrac{9}{16}$ ② $\dfrac{1}{2}$ ③ $\dfrac{3}{16}$ ④ $\dfrac{1}{8}$ ⑤ $\dfrac{1}{16}$

[05~06] 다음은 어느 병원의 외래접수 안내문이다. 이를 바탕으로 각 질문에 답하시오.

○ 외래접수 및 진료시간
  – 접수: 평일 오전 9시~오후 6시
  – 진료: 평일 오전 9시~오후 6시 (점심시간: 오후 12시~오후 1시)
○ 진료안내
  STEP 1 진료의뢰서 지참
  본 병원은 상급종합병원(3차 의료기관)으로 국민건강보험환자는 1, 2, 3차 의료기관에서 발급한 요양급여의뢰서(진료의뢰서), 의료급여환자는 2차 의료기관(종합병원급) 이상에서 발급한 의료급여의뢰서를 제출해야 보험 혜택을 받을 수 있습니다. 서류 미지참 시 진료는 가능하지만 건강보험/의료급여 적용이 불가능하며, 차후 서류를 제출하여 접수한 시점부터 건강보험/의료급여 적용이 가능하고 소급적용은 불가능합니다.
  ※ 요양급여의뢰서 및 건강진단서가 필요 없는 경우
  – 건강보험환자: 응급환자/분만환자/혈우병환자/치과/가정의학과/재활의학과(다만, 작업치료·운동치료 등의 재활치료가 필요하다고 인정되는 자)
  – 의료급여환자: 응급환자/분만환자/희귀난치성질환자/중증질환자/장애인보장구신청자
  – 산재환자와 자동차보험 환자는 각각 산재보험 및 자동차보험을 적용받으므로 필요 없음(해당 소속 근로복지공단 및 자동차보험회사에 문의)
  STEP 2 외래예약: 방문, 전화, 인터넷, 모바일, 팩스로 외래예약 가능
  STEP 3 진료 당일 내원
  ① 진료 예약하고 오신 경우
   – 신환 및 초진환자: 진료의뢰서를 갖고 내원함을 원칙으로 하며 본관 1층 진료협력센터나 1번 창구에 진료의뢰서와 신분증을 제출하고 수납 후 진료
   – 재진환자: 각 접수창구에서 신분증을 제출하고 수납 후 진료
  ② 진료 예약 없이 오신 경우
   – 신환 및 초진환자: 진료의뢰서를 갖고 내원함을 원칙으로 하며 본관 1층 진료협력센터나 1번 창구에 진료의뢰서와 신분증을 제출하고 접수 및 예약신청
   – 재진환자: 신분증을 제출하고 각 접수창구에서 접수 및 예약신청
  STEP 4 외래접수창구수납(접수)
  창구를 통해 진료의뢰서 등록, 영상물 등록, 보험사항을 확인하신 후 진료과로 방문
  ※ 영상 자료가 있는 경우
  – 본관 1층 1번 창구, 소아동 1층 접수창구, 암센터 1층 접수창구, 본관 1층 안내데스크 옆 CD 등록기 이용
  STEP 5 진료비수납
  ① 수납창구: 본관 1, 2층, 소아동 1, 2층, 암센터 1, 2층, 노인센터 1층
  ② 진료비 하이패스: 환자 또는 보호자가 신용카드를 병원에 등록하여, 당일 진찰과 검사가 모두 종료된 후 한 번에 결제하는 일괄 후불결제 서비스
   – 진료비 수납 없이 모든 진료 및 검사 시행
   – 진료 종료 후 단 1회 수납창구를 방문하여 진료비 계산
   – 수납창구를 방문하지 않고 귀가하였을 경우 등록된 신용카드 정보로 일괄 수납 후 결제 내역 문자 발송

－ 주사약 처방, 특수검사예약이 있는 경우는 수납창구 이용

　　③ 무인수납기: 각 접수창구 앞

　　STEP 6　검사/약/주사

　　① 검사: 검사처방이 있는 경우 접수창구에서 수납 후 해당 검사실에서 진료비영수증 제시하고 검사

　　② 약: 원내처방이 있는 경우 약국의 전광판에 안내된 번호에 따라 접수창구 앞에 위치한 원내약국에서 약 수령. 원외처방이 있는 경우 접수창구 앞에 위치한 처방전 발행기에서 원외처방전을 받아 외부약국에서 약 구입

　　③ 주사: 주사처방이 있는 경우 접수창구에서 수납한 후 해당 주사실에서 진료비영수증을 제시하고 주사를 맞음

난이도 ★★★☆☆　　　　　　　　　　　　　　2021년 부산교통공사 기출 변형

05 **주어진 자료를 바탕으로 병원 진료 시 국민건강보험 또는 의료급여 급여적용이 가능한 경우를 고르면?**

① 자동차 교통사고로 응급수술이 필요한 자동차보험 적용 환자
② 1차 의료기관에서 발급한 의료급여의뢰서를 제출한 의료급여환자
③ 진료를 받고 추후 2차 의료기관에서 발급한 요양급여의뢰서를 제출한 국민건강보험환자
④ 의료급여의뢰서를 제출하지 않았지만 재활의학과 환자 중 재활치료가 필요하다고 인정된 의료급여환자
⑤ 3차 의료기관에서 발급한 요양급여의뢰서를 제출한 국민건강보험환자

난이도 ★★★★☆　　　　　　　　　　　　　　2021년 부산교통공사 기출 변형

06 **주어진 자료를 바탕으로 병원 이용 시 주의사항에 대한 설명으로 옳지 않은 것을 고르면?**

① 주사약과 특수검사예약이 없는 진료비 하이패스 이용 환자는 수납창구를 방문하지 않고 귀가해도 된다.
② 원내처방이 있는 환자는 접수창구 앞에 위치한 처방전 발행기에서 처방전을 받아 원내약국에서 약을 수령한다.
③ 검사처방이나 주사처방이 있는 경우에는 무인수납기에서 수납할 수 없다.
④ 노인센터 1층에서는 영상 자료를 발급받을 수 없다.
⑤ 진료 당일에 내원한 신환환자의 경우 진료 예약 여부에 관계없이 본관 1층에 방문해야 한다.

2020년 부산교통공사 기출 변형

난이도 ★★★☆☆

07 다음은 제품을 구매할 쇼핑몰을 선정하기 위해 A~E쇼핑몰의 배송 관련 정보를 비교한 자료이다. 이를 바탕으로 옳지 <u>않은</u> 설명을 고르면?

[표] 쇼핑몰별 배송 관련 정보

구분	배송지 거리 (km)	제품 가격 (만 원)	평판	상담원 응대	A/S 수준
A쇼핑몰	125	9.2	매우 나쁨	매우 좋음	보통
B쇼핑몰	180	9.3	매우 좋음	좋음	매우 나쁨
C쇼핑몰	90	10.5	나쁨	나쁨	좋음
D쇼핑몰	100	10	보통	보통	매우 좋음
E쇼핑몰	150	9.5	좋음	매우 나쁨	나쁨

[쇼핑몰 선택 기준]
• 각 쇼핑몰 배송 관련 정보의 항목별 순위를 정해 다음과 같이 점수를 부여한다.

1위	2위	3위	4위	5위
5점	4점	3점	2점	1점

※ 1) 배송지 거리는 가까울수록, 제품 가격은 낮을수록 더 높은 점수를 부여한다.
2) 평판, 상담원 응대, A/S 수준은 '매우 좋음>좋음>보통>나쁨>매우 나쁨'의 순으로 더 높은 점수를 부여한다.

• 순위 점수의 합계가 큰 쇼핑몰을 최종 선정하되, 평판과 A/S 수준 점수가 최하위인 곳은 선정하지 않는다.

① 상담원 응대 점수가 가장 낮은 쇼핑몰의 순위 점수의 합계가 가장 낮다.
② A~E쇼핑몰 중 순위 점수의 합계가 동일한 쇼핑몰이 존재한다.
③ C쇼핑몰의 제품 가격이 9만 원이 되면 C쇼핑몰이 최종 선정될 것이다.
④ 제품 구매를 위한 쇼핑몰로 A쇼핑몰이 최종 선정된다.
⑤ B쇼핑몰은 두 개 이상의 항목에서 1점을 받았다.

그 외 영역

[자원관리능력] 난이도 ★★★★☆

2021년 경기도 공공기관 통합채용 기출 변형

01 인재 활용의 유연성과 효율성을 도모하기 위한 Flow형 인적자원관리는 Inflow, Process, Outflow의 세 가지 측면으로 구분된다. Flow형 인적자원관리를 HR 관리 포인트에 따라 다음과 같이 분석하였을 때, 빈칸 A~C에 들어갈 요소를 바르게 짝지은 것을 고르면?

구분	HR 관리 포인트
(A)	• 우수 인재의 유치 • 채용 방식의 고도화 • 정규직의 소수 정예화
(B)	• 건설적 긴장감 조성 및 조직의 신진대사 창출 • 성과주의 문화 정착 • 저성과자에 대한 경고 메시지 • 핵심 인재의 유출 방지
(C)	• 인재 육성과 동기 부여 • 탄력적인 배치 이동 및 인재의 활용도 제고 • 평가와 피드백

	A	B	C
①	Inflow	Process	Outflow
②	Inflow	Outflow	Process
③	Outflow	Process	Inflow
④	Outflow	Inflow	Process
⑤	Process	Outflow	Inflow

[자원관리능력] 난이도 ★★★☆☆   2021년 과학기술분야 정부출연연구기관(대전) 합동채용 기출 변형

02 다음 [대화]와 [표]를 바탕으로 수정이와 지은이가 가게 될 여행지로 가장 적절한 곳을 고르면?

┤ 대화 ├

수정: 올해 10월 9일 한글날이 토요일이라 월요일이 대체공휴일이래. 3일이나 쉴 수 있는 황금연휴인데 해외여행 다녀오지 않을래? 최대한 빨리 출발하면 적어도 이틀은 재밌게 놀다 올 수 있을 거야. 여기 비행편을 알아봤어.

지은: 우리가 금요일 오후 5시에 퇴근하니까 공항에는 빨라도 오후 6시에 도착하겠네. 오후 7시 이후 비행편을 고르자. 그런데 도착지에 밤늦게 도착하면 하루 더 숙박해야 하니 숙박료 낭비 같아.

수정: 나도 그렇게 생각해. 시차가 일본은 우리나라랑 같고, 대만이랑 싱가포르는 우리보다 1시간이 느리고, 태국이랑 베트남은 우리보다 2시간이 느려. 도착지 기준으로 오전 5시에서 낮 12시 사이에 도착할 수 있도록 하자. 여행가고 싶었던 나라 있니?

지은: 다 가고 싶지만 대만은 이미 두 번이나 여행을 다녀와서 이번 에는 다른 곳으로 가고 싶어.

수정: 좋아. 항공료가 너무 많이 들어가는 곳도 부담스러울 것 같아. 항공료가 100만 원 이상이 되는 비행편은 피하자.

지은: 그래. 그럼 그 중에서 가장 빠른 비행편으로 예매할게.

[표] 수정이와 지은이가 확인하고 있는 비형편

출발지	도착지	출발 일시	소요시간	왕복 항공료
인천	일본	2021. 10. 08. 17:30	2시간 20분	40만 원
	대만	2021. 10. 08. 19:20	2시간 40분	60만 원
	베트남	2021. 10. 08. 22:40	5시간	58만 원
	싱가포르	2021. 10. 08. 23:30	6시간 30분	96만 원
	대만	2021. 10. 09. 06:00	2시간 40분	52만 원
	태국	2021. 10. 09. 08:00	5시간 40분	53만 원
	일본	2021. 10. 09. 11:20	2시간 20분	52만 원
	베트남	2021. 10. 09. 17:20	5시간	62만 원
	싱가포르	2021. 10. 10. 07:30	6시간 30분	110만 원
	태국	2021. 10. 10. 11:30	5시간 40분	80만 원

① 일본   ② 대만   ③ 베트남
④ 싱가포르   ⑤ 태국

2020년 수원시 공공기관 통합채용 기출 변형

03 다음은 S사 승진 대상자의 인사평가 결과를 엑셀로 정리한 자료의 일부이다. 이 자료에 적용할 수 있는 함수식에 대한 설명으로 옳은 것을 고르면?

	A	B	C	D	E
1	사번	성명	부서	직책	인사 점수(점)
2	3513016	갑	경영기획	사원	75
3	3571498	을	회계	대리	85
4	3551055	병	외환	주임	95
5	3531131	정	전략기획	대리	80
6	3581172	무	예산관리	사원	100
7	3551024	기	외환	주임	90
8	3513002	경	경영기획	사원	80
9	3571131	신	회계	사원	75
10	3581604	임	예산관리	대리	85

① 인사 점수의 최빈값을 구하기 위해서는 '=MOD(E2:E10)'을 입력해야 한다.

② '갑'의 사번 앞 4자리를 구하기 위해서는 '=MID(A2,1,4)'를 입력해야 한다.

③ 인사 점수 중 가장 큰 값을 구하기 위해서는 '=LARGE(E2:E10)'를 입력해야 한다.

④ 인사 점수가 높은 순으로 순위를 매겼을 때 '기'의 순위를 구하기 위해서는 '=ROUND(E7,E2:E10,0)'을 입력해야 한다.

⑤ 경영기획 부서에 소속된 승진 대상자의 인사 점수의 평균값을 구하기 위해서는 '=AVERAGE(C2:E10,"경영기획",E2:E10)'를 입력해야 한다.

[조직이해능력] 난이도 ★★★☆☆   2021년 과학기술분야 정부출연연구기관(대전) 합동채용 기출 변형

04 STP 전략은 기업이 개별 고객의 선호에 맞춘 제품 또는 서비스를 통해 타사와의 차별성과 시장 경쟁력을 확보하는 마케팅 기법을 말한다. 다음 중 STP 전략에 대한 설명으로 가장 적절하지 않은 것을 고르면?

① STP 전략은 회사가 보유한 자원이 한정적이거나 제품을 선호하는 특정 고객층이 있을 때 유효한 전략이다.

② 포지셔닝 전략은 고객에 좋은 인상을 주거나 구입을 유도하기 위해 자사 제품이나 서비스의 이미지를 설정한다.

③ STP 전략은 불특정 다수를 대상으로 하는 매스 마케팅보다 수요가 많으며 생산 및 마케팅의 비용 대비 효율성이 높다.

④ 목표시장 설정 시 마케팅 비용이나 수익 증대의 폭, 시장의 성장 가능성 등을 총체적으로 고려해야 한다.

⑤ 특정 시장을 공략하기 위한 선행 작업으로서 고객의 성별, 소득수준, 연령, 소비성향, 가치관 등의 기준에 따라 시장을 세분화한다.

[조직이해능력] 난이도 ★★☆☆☆   2021년 과학기술분야 정부출연연구기관(대전) 합동채용 기출 변형

05 다음 중 국가별 생활 문화 양식에 대한 설명으로 가장 적절하지 않은 것을 고르면?

① 라틴아메리카는 시간 약속을 중요시하여 약속 시간에 늦는 것을 매우 불쾌하게 생각한다.

② 일본에서는 식사할 때 밥그릇은 손에 들고 먹으며 젓가락을 사용하여 음식을 주고받지 않는다.

③ 미국에서는 처음 만나는 사람에게 직업이나 종교 등 사적인 질문을 하지 않는 것이 좋다.

④ 러시아에서 선물용 꽃은 꽃송이를 홀수로 맞추고 노란색 꽃과 흰색 꽃은 되도록 선물하지 않는다.

⑤ 태국에서는 두 손을 모아 상대방에게 존경과 예의를 나타내는 합장 인사를 하는 것이 바람직하다.

06 다음은 F사의 신입사원인 정 사원이 팀장으로부터 받은 지시사항이다. 정 사원이 밑줄 친 ㉠~㉤의 지시사항을 수행하기 위하여 협조를 구해야 할 부서명으로 가장 적절하지 <u>않은</u> 것을 고르면?

정 사원, 내일은 미국의 주요 거래처인 H사 일행이 내방을 할 예정입니다. 내방단 일행에는 H사 사장도 포함되어 있으니 우리 측에서도 사장님이 회의에 참석하셔야 할 것 같아요. ㉠ 사장님 일정을 다시 알아보고 참석 여부를 확인한 뒤에 저에게 알려주세요. 그리고 다음 달에 판매를 시작할 예정인 ㉡ 신제품 물량 관련 판매 계약서도 체결해야 하니 유관 부서에 서류 준비에 만전을 기해줄 것을 다시 한 번 전달해주세요. 아, 내방단 일행의 공항 픽업에 문제가 생기지 않도록 ㉢ 차량 배차 상황도 확인해야 합니다. 또한, 다음 달부터 H사에 기술팀 직원 2명을 장기 파견할 예정인 점 기억하고 있죠? ㉣ 관련 교육 프로그램 준비가 어떻게 진행되고 있는지도 확인해서 보고해 주세요. 마지막으로 내방단 일행이 출입증을 패용하고 사옥을 이동할 수 있도록 ㉤ 출입증 준비 여부도 확인해야 합니다. 지금까지 지시한 내용 차질 없이 확인해서 결과 보고해 주세요.

---

① ㉠ — 비서실
② ㉡ — 영업부
③ ㉢ — 총무부
④ ㉣ — 인사부
⑤ ㉤ — 기획부

[조직이해능력] 난이도 ★★★★☆   2021년 과학기술분야 정부출연연구기관(대전) 합동채용 기출 변형

07 다음 설명을 참고할 때, 두루누리 사회보험이 적용된 직장에 근무하는 월 임금이 200만 원인 근로자의 연간 국민연금보험료와 고용보험료 부담금 합계액을 고르면?(단, 해당 사업장과 근로자의 재산, 소득 상황은 모두 요건을 충족한다고 가정한다.)

> 4대 보험 중에서 산재보험은 사업주가 전액 부담하지만, 국민연금과 고용보험은 사업주와 근로자가 각각 일정 비율로 나누어 부담한다. 두루누리 사회보험은 4대 보험 중에서 국민연금과 고용보험을 지원해 주는 제도이다. 사업주와 근로자는 국민연금의 경우 임금의 4.5%씩 각각 납부해야 하고, 고용보험의 경우 사업주는 임금의 1.05%, 근로자는 0.8%를 납부해야 한다. 소규모 사업장의 경우 사회보험 가입에 따른 보험료 납부가 사업자와 근로자 모두에게 부담이 될 수 있다. 이에 두루누리 사회보험은 일정 요건을 갖춘 사업장에 대하여 사업주와 근로자 모두에게 국민연금보험료와 고용보험료의 80%를 지원해 주며, 최대 36개월까지 혜택을 받을 수 있다.

① 254,400원
② 266,400원
③ 520,800원
④ 864,000원
⑤ 1,120,500원

NCS
실전모의고사

실제 공기업 필기시험 문항에 가장 최적화된 최신 유형의 문항으로 출제하였습니다.

영역	문항 수	시간	비고
직업기초능력평가 10개 영역	50문항	55분	객관식 오지선다형 영역분리형

OMR 카드 형태는 월간NCS 마지막 장에 수록되어 있습니다. 절취하여 실전처럼 연습할 수 있습니다. 해당 QR 접속 시 바로 모바일 정답 채점 및 성적 분석이 가능합니다.

◀ 모바일 OMR 바로가기
http://eduwill.kr/tTKV
(2022. 12. 31.까지 유효)

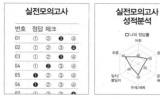

정답만 입력하면
채점에서 성적분석까지 한번에 쫙!

☑ [QR 코드 인식 ▶ 모바일 OMR]에 정답 입력
☑ 실시간 정답 및 영역별 백분율 점수 위치 확인
☑ 취약 영역 및 유형 심층 분석

NCS 실전모의고사

01 다음 밑줄 친 ⊙~⑪ 중 이 글의 중심 문장으로 가장 적절한 것을 고르면?

> ⊙ 20세기에 들어 서양 미술은 대상의 사실적 묘사보다 회화의 조형적 특질을 강조하는 추상 회화의 경향이 두드러지게 나타났다. ⓒ 회화의 조형 요소는 어떤 면에서는 음악의 구성 요소인 가락이나 리듬, 박자 등과 비슷하다고 할 수 있다. 가사가 있는 노래도 있지만, 음악은 주로 추상적인 가락이나 리듬, 박자에 의해 구성되고 그것만으로도 우리에게 큰 감동을 준다. ⓒ 미술 역시 주제나 내용 없이 색이나 선만으로도 얼마든지 아름답게 구성할 수 있고, 그 구성으로 우리에게 큰 즐거움을 줄 수 있다. 추상 회화는 노래에서 가사를 없애듯 그림 속에서 스토리나 사실적인 표현을 제거하고 순수하게 조형 요소에 의지해 제작한 작품이다. ⓔ 비평가들은 추상 회화 이전의 서양 미술을 문학적인 미술로, 추상 회화 이후의 서양 미술을 음악적인 미술로 구분하기도 한다. ⑩ 이러한 추상 회화의 출현은 서양 미술에서 미술의 새로운 가능성과 잠재력을 발견하게 되는 중요한 계기가 되었다는 점에서 의의를 갖는다.

① ⊙   ② ⓒ   ③ ⓒ   ④ ⓔ   ⑤ ⑩

02 다음 보도자료를 통해 추론할 수 있는 내용으로 적절하지 <u>않은</u> 것을 고르면?

> 정부가 2022년 초중등 교육 과정에 인공지능(AI) 관련 수업 시수를 확대하는 등 AI 교육을 필수화할 예정이다. 교육계는 소프트웨어(SW)·AI 교육의 독립 교과 실현 가능성을 눈여겨보고 있지만, '교과 이기주의' 등 현실적인 어려움이 예상된다. 관건은 특정 교과의 하위 영역이나 하위 과목으로 존재하지 않고 독립적으로 존재하는 '독립 교과'의 설치 여부다. SW·AI 교육을 독립 교과로 설치하면 학교급에 따른 체계적인 교육이 가능하다. 현재는 중학교에서만 독립 교과(정보 교과)로 시행하고 있다. 그런데 SW·AI 교육을 독립 교과로 편성하면 다른 교과에서 시수를 빼앗아 올 수밖에 없다. 이 때문에 교육부가 독립 교과가 아닌 융합 교육을 택할 것이란 전망도 나온다. 융합 교육은 기존 과목에서 AI 활용 교육을 진행하는 것이다. 사회 교과를 배운다면, 사회 현상을 보여주는 자료를 수집한 뒤 AI를 활용해 분석하는 식이다. 그러나 융합 교육을 진행할 교사 양성에 난항이 예상된다. 교사를 양성할 '교수' 수가 부족하기 때문이다. AI 전문가들의 몸값이 높은 탓에 영입도 쉽지 않은 상황이다. 교육 인프라도 미비하다. 전문가들은 "AI 프로그램을 비롯해 SW·AI 교육을 운영하려면 클라우드, 네트워크 등이 필요한데 교육 현장에 갖춰진 것이 거의 없는 상태"라고 지적하였다.

① 현재 SW·AI 교육을 독립 교과로 실시하고 있는 학교급은 중학교가 유일하다.
② 교과별 시수 문제가 걸려있기 때문에 SW·AI 교육을 독립 교과로 편성하기 힘들다.
③ SW·AI 교육을 융합 교육으로 진행할 경우 향후 교사 양성에 어려움을 겪을 것이다.
④ 초중등 교육 과정에서 SW·AI 교육을 체계화하기 위한 가장 이상적인 방법은 융합 교육이다.
⑤ SW·AI 교육을 위해 클라우드, 네트워크 등의 인프라가 교육 현장에 마련되어야 한다.

03 다음 밑줄 친 ⑤의 내용이 [보기]와 같을 때, 가장 적절하지 <u>않은</u> 설명을 고르면?

만 원권 지폐에 인쇄되어 일반에 널리 알려진 천상열차분야지도는 조선 태조 4년에 제작된, 세계에서 두 번째로 오래된 천문도이다. 천상열차분야지도는 말 그대로 하늘의 형상, 즉 별자리를 12차로 나누어 분야에 맞게 차례대로 배열한 천문도라는 의미이다. 천상열차분야지도는 가로 122cm, 세로 약 200cm, 두께 12cm 정도의 검은색 대리석에 별자리를 그린 '성도(星圖)'와 설명문인 '도설'이 음각되어 있다. 성도의 중앙 원 안에는 1,467개의 별을 크고 작은 다양한 점으로 새겨 넣었는데, 점의 크기는 별의 밝기에 따라 다르다. 또 성도 주위의 도설에는 중요한 천문상수와 전통적인 우주론에 대한 설명인 '논천' 및 ⑤ <u>천문도를 제작하게 된 경위</u> 등이 적혀있다.

─┤ 보기 ├─

예로부터 하늘의 명을 받들어 백성을 다스리는 제왕에게 천문과 시간의 관측보다 중요한 일은 없습니다. 그래서 요임금과 순임금께서도 천문관서를 설치하셨습니다. 그러니 전하께서도 천상열차분야지도를 비석에 새기고 천문관원을 시켜 하늘의 뜻을 살피는 일을 게을리하지 않으신다면 전하의 공이 성대하게 빛날 것입니다.

① 조선 시대에 천문도를 제작하고 이를 비석에 새기는 일은 국가의 역점 사업 가운데 하나였다.
② 세계에서 두 번째로 오래된 천문도로 알려진 천상열차분야지도는 조선 태조 4년에 제작되었다.
③ 천상열차분야지도는 일반 백성들에게 천문 지식을 널리 알리려는 의도로 만들어졌을 것이다.
④ 조선 시대에 천문관원은 천문과 시간을 관측함으로써 하늘의 뜻을 살피는 역할을 맡았다.
⑤ 예전에는 별자리의 변화를 살펴 하늘의 뜻을 정치에 반영하는 것이 곧 훌륭한 정치였다.

심혈관 질환을 유발하는 주범에는 고혈압과 고지혈증 등이 있다. 그중에서도 고혈압은 전신에 걸쳐 심혈관 합병증을 불러오는 무서운 질환이다. 하지만 일반적으로 고혈압은 특별한 증상이 없기 때문에 혈압을 측정해 보기 전까지는 질환의 발생 여부가 확인되지 않으며, 진단을 받더라도 직접적인 신체 증상이 없어 치료에 소홀하게 되는 경우가 많다. 혈압이 높은 상태가 장기적으로 계속되면 심부전, 심근경색, 부정맥, 뇌출혈 등의 심혈관 질환이 발생할 수 있는데, 이러한 증상이 나타난다면 이미 병세가 많이 진행됐다는 사실을 의미한다. 이런 이유로 인해 고혈압을 '침묵의 살인자'라고 부르기도 하며, 그만큼 평소에 주의를 많이 기울여야 한다. 고혈압 관리 및 예방을 위해서는 정상 체중 유지, 규칙적인 운동, 금연, 금주, 소금 섭취 제한, 저지방 식사 등이 권장된다. 고혈압은 평생 조절해야 하는 병이므로 전문의의 지시에 따라 치료를 꾸준히 이어 나가는 것이 중요하다. 서구화된 식습관, 운동 부족 등으로 인해 환자 수가 급격하게 늘어나고 있는 고지혈증도 심혈관 질환의 주요 원인이다. 고지혈증은 이상지질혈증이라고도 불리는데, 혈액 속에 중성지방이나 콜레스테롤 중 하나라도 정상 수치보다 많은 상태를 의미한다. 콜레스테롤은 혈액에 염증을 일으키는 저밀도지단백 콜레스테롤과 혈관에 끼어 있는 콜레스테롤을 제거해서 간으로 운반하는 역할을 하는 고밀도지단백 콜레스테롤로 나뉜다. 식이조절 등으로 저밀도지단백 콜레스테롤을 낮추고 꾸준한 운동 등으로 고밀도지단백 콜레스테롤을 높이는 것이 중요하다.

① 심혈관 질환을 유발하는 원인 중에서 고혈압이 고지혈증보다 더 위험하다.
② 고밀도지단백 콜레스테롤은 저밀도지단백 콜레스테롤과 달리 몸에 필요한 콜레스테롤이다.
③ 고혈압은 완치되면 거의 재발되지 않으므로 최대한 빨리 발견하여 치료하는 것이 중요하다.
④ 심근경색, 부정맥 등의 각종 심혈관 질환 증상은 고혈압 발병 초창기에 주로 나타난다.
⑤ 고지혈증은 혈액 속에 중성지방과 콜레스테롤 모두가 정상수치보다 많은 상태를 의미한다.

05 다음 글의 서술상 특징으로 가장 적절한 것을 고르면?

새집 증후군의 유발 인자는 건축물 안에서 발생되는 가스 또는 입자 형태의 실내 오염 물질이다. 이는 물리적·화학적·생물학적 인자로 구분할 수 있다. 먼저 물리적 인자로는 소음, 전자파, 전리 방사선 등을 들 수 있다. 생물학적 인자에는 곰팡이, 바이러스, 박테리아 등의 세균, 식물 꽃가루, 진드기, 애완동물의 털 등이 포함된다. 화학적 인자로는 일산화탄소, 이산화탄소, 질소산화물, 이산화유황, 오존, 염소, 포름알데히드, 휘발성 유기화학물, 광물성 섬유, 매연 등이 꼽힌다. 오늘날 새집 증후군에서 특히 문제가 되고 있는 것은 이러한 화학 물질에 의한 실내 공기 오염인데, 주로 마감재에서 배출되는 포름알데히드와 휘발성 유기화합물인 벤젠, 톨루엔, 크로르포름, 아세톤, 스티렌 등이 대표적인 유해 물질로 지목되고 있다.

이러한 유해 물질은 새로 짓거나 리모델링한 건물의 건축 재료, 염료, 방부제, 방충제 등에서 발생하는데 건축 직후에는 주로 염료와 약품이 증발되어 화학적 오염 물질이 많이 발생한다. 이후 시간이 지남에 따라 건축 재료 내부에 포함되었던 화학 물질이 표면으로 이동하여 공기 중에 발산되고 그 양이 점차 줄어들게 된다. 특히 주택의 바닥, 벽, 천장 등에 사용되는 마감재에서는 실내 온도가 높을수록 포름알데히드와 같은 휘발성 유해 물질의 발생량이 많아지게 된다.

이러한 새집 증후군을 방지하기 위해서는 건축 재료에 유해 물질을 사용하는 것을 원천적으로 금지하는 것이 가장 이상적이나, 이는 현실적으로 매우 어려운 문제이다. 이러한 물질들은 건축 재료의 내구성이나 난연성 등의 성능을 확보하기 위해 어쩔 수 없이 사용해야 하기 때문이다. 만약 이러한 물질의 사용을 금지한다면 건축 재료의 제조·생산이 불가능해지거나, 안전상의 문제, 건축 자재 가격의 급격한 상승 등과 같은 부작용을 불러올 것이다.

① 반론의 가능성을 예측하며 주장을 전개하고 있다.
② 상반된 주장의 모순을 검토하여 결론을 이끌어 내고 있다.
③ 서술 대상을 다각적인 측면에서 상세히 설명하고 있다.
④ 구체적 수치를 근거로 제시하여 신빙성을 확보하고 있다.
⑤ 서술 대상을 속성이 유사한 대상에 견주어 설명하고 있다.

다음 글의 내용과 일치하지 <u>않는</u> 것을 고르면?

고양이는 약 1,500만 년 전에 아프리카 들고양이에서 갈라져 나와 지중해 동쪽에서 페르시아만에 걸친 지역에 살던 사람들에 의해 길들여진 것으로 추정된다. 고대 이집트에서는 고양이를 신격화할 정도로 좋아하였다. 그래서 이 시대의 유물에서는 고양이 벽화와 조각이 자주 발굴되며, 미라 상태의 고양이가 발견되기도 한다. 고대 이집트의 고양이는 기원전 500년 무렵부터 무역 상인들에 의해 인도 지역뿐만 아니라 유럽에도 전해지기 시작하였다. 그리고 1,400년대 이후의 대항해 시대에 세계 각지를 탐험하던 배에 곡물을 훔쳐 먹는 쥐를 잡기 위해 고양이를 태우면서 고양이가 아메리카 대륙 등 세계 각지로 퍼져나가게 되었다.

고양이의 조상은 육식 동물로, 고양이는 오늘날에도 여전히 육식 동물의 능력과 습성을 간직하고 있다. 예를 들어 고양이의 눈은 움직이는 물체를 보는 동체 시력이 발달해 있어 인간보다 2배 많은 신호가 시각 중추에 전달되며, 밤에 동공 크기를 조절하여 인간보다 6배 이상 물체를 잘 구분할 수 있다. 시야도 인간보다 훨씬 넓어 물체가 좌우로 크게 움직여도 눈알을 움직이지 않고 물체를 시야 속에 둘 수 있다. 다만 고양이는 적록색맹이기 때문에 초록색과 파란색, 노란색은 볼 수 있지만 빨간색과 주황색, 갈색은 볼 수 없다.

또한, 고양이는 수염과 털을 이용해 사냥감의 위치를 찾아낼 수 있다. 고양이의 수염과 눈 위 긴 털의 모낭에는 털을 통해 전해지는 공기의 진동을 증폭하는 기능이 있기 때문이다. 그뿐만 아니라 개와 달리 숨겼다 뺄 수 있는 날카로운 갈고리 모양의 발톱과 세로 방향에 홈이 있는 송곳니 또한 고양이가 사냥감을 공격하는 데 유리하도록 한다. 이처럼 고양이는 오랜 시간 매복하며 사냥을 하는 육식 동물이었기 때문에 활동량이 많지 않다. 따라서 자주 산책을 해야 하는 반려견과 달리 집에서 키우는 고양이는 실내에서 움직이는 것만으로도 필요한 운동량을 확보할 수 있다.

한편 고양이의 혀는 단맛을 느끼는 세포가 파괴되어 단맛을 느끼지 못하는데, 이것은 고양이가 고기만 먹어도 살 수 있는 육식동물이기 때문이다. 단맛을 느낄 수 있는 탄수화물을 먹을 필요가 없는 것이다. 또한 고양이의 혀는 가시가 돋친 모양으로 표면이 까칠까칠한데, 이 혀에 침을 묻혀 온몸을 다듬는 행동을 수시로 한다. 이 행동을 통해 고양이는 긴장감을 해소하여 정서적 안정을 찾고 몸에 묻은 이물질을 제거한다. 이때 고양이 침 속에 있는 알레르기 원인 물질이 고양이의 몸 전체 털에 묻는데, 이 때문에 사람들은 고양이 털에 알레르기 증상을 겪게 되기도 한다.

① 고양이는 빨간색과 갈색을 구분할 수 없다.
② 개에 비해 고양이는 하루에 필요한 운동량이 적은 편이다.
③ 대항해 시대에 사람들은 의도적으로 고양이를 배에 태우고 다녔다.
④ 고양이는 물체가 움직일 때 눈알을 미묘하게 움직여 시야 속에 둔다.
⑤ 고양이 침 속에 포함된 물질은 사람에게 알레르기를 유발할 수 있다.

(가) 탄도 미사일이 일반적으로 관성의 법칙에 따라 포물선형 궤도를 그리며 비행하는 데 반해, 순항 미사일은 유도 장치가 이끄는 대로 지상 30~100mm 높이로 낮게 비행하면서 목표물에 도달한다. 토마호크 미사일도 순항 미사일에 해당하는 만큼, 유도 장치가 이끄는 대로 낮게 비행하며 최대 2,500km 떨어진 목표물을 족집게로 집어내듯 정확히 공격할 수 있다. 1990년대 이후 순항 미사일을 개발해 온 우리 군도 사정거리 500km 이상의 천룡 순항 미사일을 개발해 배치 중인 것으로 알려졌다.

(나) 걸프전 · 코소보전 · 아프가니스탄전 · 이라크전, 기타 대 테러 응징 보복 작전 등에서 미국이 공통적으로 사용한 미사일은 무엇일까? 정답은 토마호크 순항 미사일이다. 이 미사일은 주요 분쟁이 일어날 때마다 약방의 감초처럼 등장하는 무기이다. 토마호크 미사일은 1991년 걸프전 때 본격적으로 사용되어 이른바 '스타 무기'로 부상했다. 걸프전과 코소보전에서 1,100여 발이, 이라크전 초기에는 735발이 각각 사용된 것으로 알려져 있다.

(다) 그러나 순항 미사일은 사정거리가 보통 최대 3,000km 이내인 데 비해, 탄도 미사일은 1만 km 이상인 경우도 많다. 탄두 중량은 순항 미사일이 보통 500kg 이하인 반면, 탄도 미사일은 500~1,000kg 이상도 가능하다. 즉, 탄도 미사일은 순항 미사일에 비해 정확도는 떨어지지만 사정거리가 길고 탄두 중량도 무거워 위력이 크다. 이 때문에 장거리 탄도 미사일은 상대편 국민에게 엄청난 심리적 공포를 줄 수 있는 전략 무기로 꼽힌다.

(라) 오늘날 토마호크 미사일, 천룡 미사일 등으로 대중들에게 널리 알려진 순항 미사일은 탄도 미사일에 비해 정확도가 매우 높고, 함정이나 잠수함 등에 많은 수량을 장착할 수 있다는 장점이 있다. 또한, 순항 미사일의 속도는 음속에 못 미치거나 음속과 비슷해 요격이 가능한 반면, 탄도 미사일은 음속의 3~24배에 달해 요격이 어렵다.

① (가) - (다) - (나) - (라)
② (가) - (다) - (라) - (나)
③ (나) - (가) - (라) - (다)
④ (나) - (가) - (다) - (라)
⑤ (나) - (다) - (라) - (가)

지문과 홍채는 유일하기도 하지만 변하지도 않는다. 걸음걸이나 얼굴은 변하기는 하지만 그 독특한 특징으로 신원 확인이 가능하다. 한국전자통신연구원은 이런 신원 확인 IT기술을 범죄 예방에 활용하기 위해 경찰청에 제공하기로 했다. 양 기관이 기술과 기기를 함께 개발하고 이를 과학 수사에 적용하려는 것이다. 두 기관이 공조 체제를 구축하려는 것은 멀리 떨어져 있는 사람의 홍채나 얼굴, 걸음걸이 등을 분석해 신원을 확인하는 시스템을 개발하기 위함에 있다.

홍채의 경우 눈에서 조리개 역할을 하는데, 그 위에 있는 핏줄은 변하지 않는다. 현재 미국에서는 3m 떨어진 사람의 홍채를 인식할 수 있는 시스템이 나와 있으며 1분에 30명 정도를 분석할 수 있다. 사람들이 공항 검색대 같은 곳을 지나가기만 하면 홍채 인식기가 작동한다. 검사하려는 사람의 협조를 받을 필요도, 사용법을 교육할 필요도 없다.

멀리 떨어져 있는 사람의 얼굴만으로 신원을 확인하는 기술도 활발하게 개발되고 있다. 얼굴은 약간의 변화는 있지만 고유한 특징은 웬만해서 바뀌지 않는다. 물론 대낮에 어떤 사람의 얼굴을 촬영하였을 경우 밤에는 그 얼굴을 식별하기 어렵다. 그러나 최근의 신원 확인 기술은 여러 종류의 광선으로 얼굴 사진을 찍어 분석하는 방법이 개발되고 있다. 근적외선이나 열적외선, 레이더를 이용해 얼굴 사진을 찍어 놓으면 밤이나 낮이나 신원 확인이 쉬워진다. 적외선 영상은 얼굴에서 나오는 열을 검출해 만드는 방법이다. 이렇게 여러 종류의 영상을 확보해 두면 범죄자 색출이 훨씬 쉬워진다.

이와 같은 생체 인식 기술에 수십 채널을 동시에 한 화면에서 보고 감시할 수 있는 시스템을 통합한 지능형 영상 감시 시스템을 만든다는 게 두 기관의 목표다. 이 시스템은 범죄 예방을 위한 신원 확인뿐만 아니라 공항과 군사, 항만, 도로, 교량, 공공시설 등으로 그 수요가 급속하게 증가할 것으로 예상되고 있다.

① 생체 인식 기술의 발전 현황
② 생체 인식 기술과 빅 브라더
③ 생체 인식 기술이 가져올 미래
④ 생체 인식 기술의 문제점과 해결 방안
⑤ 생체 인식 기술의 종류별 특징과 활용 전망

여러 세기 동안 천문학자들은 모든 행성이 원 궤도를 따라 운동한다고 생각했다. 그러나 실제 관찰한 결과 이는 사실이 아니라는 것이 판명되었다. 케플러는 화성의 궤도를 연구하여 그 궤도가 타원이며 화성과 마찬가지로 다른 행성도 원형이 아닌 타원 궤도로 운행한다는 사실을 알아냈다. 또 모든 행성이 태양을 한 초점으로 하는 타원 궤도를 그리며, 태양은 타원의 두 초점 중 하나에 위치한다는 결론에 도달했다. 이것이 바로 케플러의 행성 운동 제1법칙이다. 이 법칙으로부터 행성들이 어느 때에 태양에 가까워지는지를 알 수 있다.

사람들은 모든 행성의 운동은 균일하며, 행성의 속도는 궤도상의 어느 지점에서 동일하다고 믿었다. 그러나 케플러는 관측 자료를 면밀히 연구한 끝에 행성의 운동은 균일하지 않다는 것, 즉 행성이 태양으로부터 가까울 때는 빨리 움직이고 멀 때는 느리게 움직인다는 것을 발견하였다. 또 그는 기묘한 법칙을 발견했는데 태양과 행성을 잇는 직선은 같은 시간에 같은 면적을 휩쓴다는 것이다. 이것이 케플러의 제2법칙이다. 행성이 t_1 지점에서 t_2 지점까지 운행하는 데 한 달이 걸린다고 가정하자. 또 t_3 지점에서 t_4 지점까지 운행하는 데도 한 달이 걸린다고 가정하자. 케플러의 제2법칙에 따르면 두 부분의 면적은 동일할 것이다. 이 사실로부터 행성이 태양에 가까울 때는 더 빨리 운행한다는 것을 알 수 있다.

케플러는 이 두 가지 행성 운동 법칙을 통해 새로운 사실을 알아내었다. 태양으로부터 행성까지의 거리와 각 행성이 태양을 도는 데 걸리는 시간 사이에 밀접한 관계가 있다는 사실을 발견한 것이다. 어느 행성을 비교해도 행성의 공전 주기의 제곱은 그 행성 궤도의 긴반지름(장반경)의 세제곱에 비례한다. 따라서 행성 공전 주기(P)의 단위를 연, 행성의 궤도 장반경(a)의 단위를 AU(태양으로부터 지구까지의 거리가 1AU)로 하면 $P^2 = a^3$와 같이 나타낼 수 있다. 이것이 '조화의 법칙'으로 불리는 케플러의 제3법칙이다.

① 케플러의 제3법칙은 행성의 크기에 따라 다르게 작용된다.
② 행성은 무질서한 운동이 아니라 속도가 일정하지 않은 타원 운동을 하고 있다.
③ 행성은 지구를 한 초점으로 하는 타원 궤도를 돌고 있다.
④ 특정 행성의 공전 주기의 제곱은 태양으로부터 거리의 제곱과 동일하다.
⑤ 어떤 행성이 t_1에서 t_2까지 운행하는 시간과 t_3에서 t_4까지 운행하는 시간이 같다면 두 부분의 반지름 길이는 동일하다.

10 다음 글을 읽고 추론한 내용으로 적절하지 <u>않은</u> 것을 고르면?

최근 우리나라 부동산 시장의 특징 중 하나는 오피스텔, 생활숙박시설, 도시형생활주택 등 아파트는 아니지만 아파트와 비슷한 주택의 인기가 매우 높다는 것이다. 이러한 주택이 인기를 끄는 이유는 다소 복잡하지만 간단하게 설명할 수 있다. 아파트는 좋지만 너무 비싸서, 또는 너무 싸기에 경쟁이 심해서 결국 매수하기가 어렵기 때문이다.

아파트와 비슷한 구조의 주거형 오피스텔은 아파트의 대체재라는 이유로 수요가 몰리기 때문에 유독 인기가 높다. 오히려 원룸형 오피스텔은 주택의 대체재가 되지 못하면서도 주택 수에는 포함되는 불리함 때문에 인기가 낮다. 즉, 주거형 오피스텔은 원룸형 오피스텔과 달리 주택 수에 포함되지 않아 주택의 대체재가 될 수 있다. 주거형 오피스텔은 '아파텔'이라고도 불린다. 이러한 유사 아파트의 인기는 아파트 구입이 그만큼 어렵기 때문인 것으로 분석된다.

다주택자는 애초에 아파트를 매수하기가 어렵다. 청약 통장이 필요하고 청약 가점이 높아야 하는데 쉽지 않다. 또한, 아파트는 분양가 상한제 덕분에 분양 가격이 주변 시세보다 매우 싸기는 하지만 경쟁이 치열해서 당첨 확률은 매우 낮다. 그러나 오피스텔은 아파트와 마찬가지로 경쟁이 치열하긴 하지만 청약 가점 등 다른 요인을 걱정할 필요 없이 오로지 운이 좋으면 당첨될 수 있기 때문에 상대적으로 경쟁이 수월하다. 오피스텔이 인기를 끄는 또 다른 이유는 전매 제한이 없다는 것에 있다. 오피스텔은 계약 즉시 다른 매수자에게 팔아도 된다. 아파트는 서울의 경우 전매 제한 기간이 5~10년이라서 당첨이 되더라도 최대 10년간 팔 수 없다는 점에서 오피스텔과 차이가 있다.

이렇듯 여러 측면을 고려하였을 때 인기가 높은 오피스텔은 아파트보다 더 비싸다는 단점이 있다. 오피스텔은 평당 가격이 분양가 상한제를 적용받고 있는 아파트에 비해 훨씬 비싸다. 하지만 그 비싼 가격이 제 가격이기도 하다. 억지로 눌러놓은 아파트 분양가는 구매할 수 없는 쇼룸 가격일 뿐이기 때문에 오피스텔의 가격은 주변 시세를 반영하여 책정된 가격이지만 언제든 구매할 수 있는 아파트와 유사한 주택이라는 개념으로 접근되고 있다.

① 아파트 구입이 어려워지며 주거형 오피스텔을 비롯한 유사 아파트의 인기가 높아졌다.
② 서울의 아파트는 투자 목적으로 단기간 보유하고 있다가 판매하는 것이 불가능하다.
③ 원룸형 오피스텔의 공급이 수월해지면 주거형 오피스텔의 인기는 식을 것이다.
④ 아파트의 가격이 너무 저렴한 경우에는 경쟁이 심화되기 때문에 매수하기 어렵다.
⑤ 오피스텔은 분양가 상한제가 적용되는 아파트와 달리 주변 시세를 반영하여 가격이 책정된다.

11 다음 글의 빈칸에 들어갈 문장으로 가장 적절한 것을 고르면?

심리학에서 감각은 어떠한 자극의 존재를 알아차리는 것으로, 자극에 대한 뇌의 해석 과정이라고 볼 수 있다. 인간의 감각세포는 무수히 많은 자극에 노출되지만 모든 자극이 지각되고 해석되는 것은 아니다. 자극이 뇌가 의식적으로 해석할 수 있는 감각 정보의 수준인 절대역에 미치지 못하기 때문이다.

절대역이란 자극의 존재를 알아차리는 최소한의 에너지 강도로, 개인이 감각을 경험할 수 있는 가장 낮은 수준이자 자극에 대한 탐지를 측정하는 개념이다. 사람의 감각은 자극 에너지가 일정 이하로 절대역에 도달하지 못하면 자극의 탐지가 이루어지지 않는다. 예를 들어 특정 제품을 소비자가 인지하려면 광고, 마케팅 활동 등 노출되는 자극이 최소한의 절대역을 지니고 있어야 한다. 이러한 절대역은 개인마다 그 수준이 상이하며, 변화가 없는 일정한 자극 조건에서는 절대역의 증가, 즉 감각이 둔해질 수 있다.

절대역이 자극의 탐지와 관련된 개념이라면 자극의 변별과 관련된 용어로 차이역이 있다. 차이역은 두 자극 간의 차이를 감지할 수 있는 최소한의 에너지 강도의 차인 '최소 가치 차이'를 말한다. 절대역과 마찬가지로 차이역 또한 개인마다 다른데, 예를 들어 어떤 사람은 10g과 15g의 차이를 구분할 수 있지만, 또 어떤 사람은 10g과 25g 정도가 되어야 차이를 구분할 수 있다.

19세기에 생리학자 하인리히 베버는 이와 같은 최소 가치 차이를 수식화한 베버의 법칙을 발표했다. 베버의 법칙에 따르면 자극을 받고 있는 감각기에서 자극의 크기가 변화된 것을 느끼기 위해서는 처음에 약한 자극을 주면 자극의 변화가 적어도 그 변화를 쉽게 감지할 수 있다. 그러나 처음에 강한 자극을 주면 자극의 변화를 감지하는 능력이 약해져서 작은 자극은 느낄 수 없으며 더 큰 자극에서만 변화를 느낄 수 있다. 즉, (   ) 예를 들어 처음에 강도가 100럭스인 빛에 자극되었을 경우 자극의 변화량이 1럭스 이상이어야 그 밝기의 변화를 느낄 수 있고 만약 처음 빛이 1000럭스였을 경우 자극의 변화량이 10럭스 이상이 되어야만 밝기의 변화를 느낄 수 있다. 베버는 이 법칙이 우리의 감각기가 수용할 수 있는 범위에서만 적용되며 자극의 세기가 너무 크거나 약할 경우에는 적용되지 않는다고 보았다.

이러한 절대역과 차이역은 오늘날 소비자 행동을 이해하고 마케팅을 전략적으로 활용하는 데 활발하게 이용되고 있다. 제품의 변화를 소비자들이 인지하게 할 것인지, 또는 어떠한 변화는 있지만 기존과의 차이를 감지하지 못하게 할 것인지의 문제는 판촉과 이미지 전략에 중요한 요소로 작용한다.

① 베버의 법칙은 자연 환경에만 적용될 수 있다는 것이다.
② 자극은 자극의 강도 외에도 사전 경험, 순간의 감정 등의 영향을 받는다.
③ 지각에 필요한 변화의 양이 원래 자극의 크기에 비례한다는 것이다.
④ 절대역과 달리 차이역은 사람마다 다른 상대적인 개념이라는 것이다.
⑤ 절대역 이하의 자극이더라도 무의식중에 변화를 감지할 수 있다.

[12~13] 다음 글을 읽고 질문에 답하시오.

(가) '유럽'이라는 개념은 유럽인들에게 어떻게 형성된 것일까? 유럽은 본래 동질성을 찾기 어려워 하나로 정의할 수 없는 실체였다. 중세에 유럽인들은 기독교 세계라는 관념을 가지고 있었고, 더 세속적인 관념들은 교회가 무너지고 나서야 생겼다. 유럽인은 유럽을 비(非)유럽, 곧 '다른 세계'를 통해 정의하여 왔다. 유럽보다는 '유럽 이외의 사람들'이 언제나 중요한 문제였으며, 이들은 유럽인과 기원이 같지 않기 때문에 무능할 뿐만 아니라 영원히 정치적인 혼란을 지속할 것이라고 여겼다. 유럽인은 자신들의 기원을 그리스·로마에 두었고, 시간이 지날수록 유럽 이외의 세계는 유럽의 과거를 비추어 준다고 생각하였다. 수세기 동안 유럽이 거쳐 왔던 과거가 다른 세계를 통해 유럽인들에게 더욱 분명하게 인식되었다.

(나) 유럽인은 아메리카와 같은 새로운 세계를 발견하면서 선사 시대를 인지하게 되었다. 아메리카 등은 그리스·로마 시대에는 알려지지 않았으며, 성서에도 기록되지 않았고, 상상으로만 그려지던 지역이었다. 탐험가들이 석기만을 사용하는 민족들이 아메리카나 태평양 지역에 살고 있다는 사실을 발견하자, 퇴보론(退步論)이라는 관념이 주목받게 되었다. 이는 유럽이라는 세계 중심지에서 멀리 떨어져 있는 사람들이 예전의 문명 단계에서 더 낮은 단계로 퇴보하였다는 이론이다. 그러나 로크가 전 세계에 석기 시대가 존재했고, 아직도 석기를 쓰는 사람들은 퇴보의 산물이 아닌 그 상태에 머물러 잔존한 사람들이라고 주장하자 로크의 의견을 따르게 되었다.

(다) 유럽의 개념과 관련하여 이집트에 대한 유럽인의 생각을 살펴보면 흥미롭다. 유럽인은 이집트를 유럽이 아닌 다른 세계에 귀속시켰다. 그들은 이집트가 문명의 원천이라고는 생각하였지만, 이집트가 지닌 지식은 쓸모없는 것으로 여겼다. 이런 이집트에 그리스 사람들이 들어가 생명력을 불어넣었다고 생각하였다. 따라서 근대에 들어서 유럽이 이집트를 지배한 것을 두고 유럽인들은 유럽의 우수성이 증명된 것으로 보았다. 또한, 유럽인들은 '진부한 유럽 밖의 세계'나 이류(二流)를 가리키는 데 '동양'이란 단어를 사용하여, 유럽인의 우수성을 드러내려 하였다. 유럽의 역동성과 비교하면 동양은 본질적으로 정체된 구조였으며, 열등하고, 감정적이라고 생각하였다.

(라) 유럽인은 이런 식으로 '새로운 역사'를 만들어 냄으로써 '유럽'을 창조하였다. 유럽은 언제나 사상이나 전쟁을 통해 도전받은 실체지만, 유럽이라는 개념은 '다른 세계'라는 거울로 자신을 비추는 데 중요한 역할을 하였다. 여기에서 유럽은 다른 세계를 지배하는 정당성을 찾았다. 유럽인들이 가진 이러한 유럽에 관한 진보와 우월성으로 점철된 역사관은 19세기에 이르러 절정에 달하였다.

(마) 이와 같은 자기중심적 역사관이 바로 오늘날 유럽이라는 본체의 중심이 되는 것이다. 따라서 유럽인들은 외부 세계를 열등한 세계로 파악하였기에, 유럽이 다른 세계를 지배하는 것을 권리가 아니라 의무로 여겼다. 지배의 명분은 문명사회의 질서 잡힌 이성을 미개인들에게 부여하여, 발전의 가능성을 준다는 데 있었다.

돔 만나는 최신 취업 트렌드, 에듀윌 공기업 월간NCS

12 주어진 글의 문단별 주제로 적절하지 <u>않은</u> 것을 고르면?

① (가): 기독교 세계를 공유하던 유럽인이 세속적 관념을 가지게 된 계기
② (나): 비유럽 세계를 열등하게 간주하는 퇴보론의 등장과 퇴장 배경
③ (다): 이집트와 동양을 열등한 것으로 치부한 유럽인의 독선적 사고
④ (라): 19세기에 절정을 맞은 유럽인의 자기중심적 역사관
⑤ (마): 유럽이 비유럽 세계를 지배하는 명분으로 작용한 자기중심적 역사관

13 주어진 글을 읽고 '유럽인이 갖고 있는 역사관의 문제점'이라는 주제로 토론하였다고 할 때, 나머지 발언과 상이한 관점의 발언을 고르면?

① 유럽인이 동양에 비해 우월하다는 생각은 곤란해. 모든 문명은 각기 장점과 단점을 가지고 있으므로 서로 장점을 배우기 위해서 노력해야 해.
② 유럽인이 역사를 왜곡하여 잘못된 관념을 형성하는 것은 매우 위험한 결과를 초래했어. 외부 세계를 침탈하면서 문명을 전달한다고 생각한 것이 그 사례이지.
③ 유럽인들이 동양을 발달이 정체된 사회로 보는 것은 잘못되었다고 생각해. 각 나라나 민족은 서로 다른 조건에서 살아왔기 때문에 그에 맞게 발전한 것이야.
④ 역사 발전을 보는 균형된 시각을 갖추는 것이 필요하다고 봐. 유럽의 눈으로만 동양을 바라보거나, 동양의 눈으로만 유럽을 바라보는 것은 올바른 생각이라 할 수 없어.
⑤ 동양의 문화는 정적이며 감정적인 것이 특징이고, 동양은 서양에 비해 정신문명이 발전하였어. 이를 유럽인들에게 인식시키는 방안을 개발하여 실천하려는 노력이 필요하다고 봐.

14 철인 3종 경기는 수영, 사이클, 마라톤 세 종목을 휴식 시간 없이 연이어 치르며 이를 완주한 시간을 계측하는 복합 경기이다. 다음은 철인 3종 경기의 코스별 구간 거리와 이 중 어느 한 코스에 출전한 A선수의 기록에 대한 자료이다. 이를 바탕으로 계산한 A선수의 최종 기록을 고르면?(단, 종목을 바꾸는 동안의 이동 거리와 시간은 고려하지 않는다.)

[표] 철인 3종 경기 코스별 구간 거리

코스	수영	사이클	마라톤
올림픽	1.5km	40km	10km
스프린트	750m	20km	5km
장거리	1.9km	90km	21km
철인경기	3.8km	180km	42.195km

- 수영을 완주하는 데 8분 20초가 걸렸다.
- 수영은 시속 5.4km, 사이클은 시속 40km, 마라톤은 시속 20km의 속력으로 완주하였다.

① 53분 20초   ② 53분 40초   ③ 54분 00초
④ 54분 15초   ⑤ 54분 30초

15 다음 [조건]에 따라 깃발을 이용하여 신호를 만들려고 한다. 8,190개의 깃발로 만들 수 있는 신호의 개수를 p라고 할 때, $\dfrac{p-1}{2}$의 값을 고르면?

┤ 조건 ├
- 서로 같은 깃발을 올리거나 내리는 방법으로 신호를 만든다.
- ↑은 깃발을 올린 것, ↓은 깃발을 내린 것을 의미한다.
- 올리거나 내린 깃발의 개수가 같으면 1개의 신호로 본다. 예를 들어 (↑↑)과 (↓↓)은 서로 다른 신호이지만 (↑↓)과 (↓↑)은 서로 같은 1개의 신호로 본다.

① 819   ② 1,365   ③ 2,730
④ 4,095   ⑤ 16,380

16 다음 [조건]에 따라 갑과 을이 컴퓨터에 프로그램을 설치하려고 할 때, 갑과 을이 각각 설치해야 하는 프로그램 수의 곱을 고르면?

┤조건├
- 갑이 설치해야 하는 프로그램 중 1개를 을이 설치하면 을이 설치한 프로그램 수는 갑의 3배가 된다.
- 을이 설치해야 하는 프로그램 중 1개를 갑이 설치하면 을이 설치한 프로그램 수는 갑의 2배가 된다.

① 104   ② 109   ③ 114
④ 119   ⑤ 124

17 A, B, C 세 명이 하나의 일을 끝내는 데 걸리는 기간이 다음 [조건]과 같을 때, B가 혼자 하나의 일을 끝내는 데 걸리는 기간을 고르면?

┤조건├
- C 혼자 일을 할 경우 하나의 일을 끝내는 데 6일이 걸린다.
- A 혼자 2일 동안 일하고 A와 C가 함께 4일 동안 일하면 하나의 일을 끝낼 수 있다.
- A와 B가 함께 일하면 하나의 일을 끝내는 데 3일이 걸린다.
- A~C가 하루에 일하는 시간은 10시간이다.

① 3일 4시간   ② 3일 6시간   ③ 3일 8시간
④ 4일 2시간   ⑤ 4일 4시간

18 다음 [그래프]와 [표]는 판매 매체별 판매액과 상품군별 판매액 비중을 나타낸 자료이다. 이에 대한 설명으로 옳지 <u>않은</u> 것을 고르면?

[그래프] 2017~2020년 판매 매체별 판매액

(단위: 백만 원)

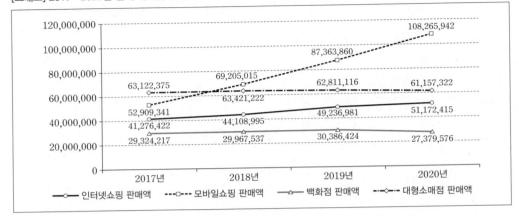

[표] 2020년 인터넷쇼핑 및 모바일쇼핑 상품군별 판매액 비중

(단위: %)

상품군	인터넷쇼핑	모바일쇼핑
컴퓨터 및 주변기기	8.2	2.9
가전·전자·통신기기	14	10.1
서적	2.5	1.1
사무·문구	0.9	0.6
의복	10.2	9.1
신발	2.3	1.6
가방	1.2	1.9
패션용품 및 액세서리	1.3	1.5
스포츠·레저용품	3.7	3.2
화장품	13.3	5.2
아동·유아용품	2.1	3.5
음·식료품	10.5	13.2
농축수산물	3.5	4.1
생활용품	8.1	9.6
자동차 및 자동차용품	2.0	1.1
가구	3.0	3.2
애완용품	0.5	0.8
여행 및 교통서비스	4.4	5.5
문화 및 레저서비스	0.8	0.4
e-쿠폰서비스	1.2	3.4
음식서비스	1.8	15
기타서비스	1.6	0.8
기타	2.9	2.2
합계	100	100

매달 만나는 최신 취업 트렌드, 에듀윌 공기업 월간NCS

① 2018년에 인터넷쇼핑, 모바일쇼핑, 백화점, 대형소매점의 판매액은 모두 전년 대비 증가하였다.
② 2020년에 모바일쇼핑 판매액은 2017년 대비 2배 이상 증가하였다.
③ 2020년 백화점 판매액은 전년 대비 약 10% 감소하였다.
④ 2020년에 가전·전자·통신기기 상품군에서 인터넷쇼핑의 판매액은 모바일쇼핑의 판매액보다 많다.
⑤ 2020년에 모바일쇼핑의 판매액 비중이 가장 큰 상품군과 가장 적은 상품군의 판매액의 차는 16조 원 이하이다.

19 다음은 60세 이상 인구의 생활비 마련 방법에 관한 자료이다. 이에 대한 설명으로 옳은 것을 [보기]에서 모두 고르면?

[표] 2017년, 2019년 60세 이상 인구의 생활비 마련 방법

연도	구분 \ 연령대	60~64세	65~69세	70~79세	80세 이상
2017	전체 응답자 수	1,398명	819명	621명	281명
	본인 및 배우자 부담	88.4%	79.3%	60.1%	33.8%
	자녀 또는 친척 지원	7.6%	12.9%	26.5%	47.0%
	정부 및 사회단체	4.0%	7.8%	13.4%	19.2%
2019	전체 응답자 수	1,842명	867명	657명	346명
	본인 및 배우자 부담	88.4%	79.8%	60.9%	33.5%
	자녀 또는 친척 지원	6.4%	11.6%	22.4%	41.9%
	정부 및 사회단체	5.2%	8.6%	16.7%	24.6%

[그래프1] 2017년 60세 이상 인구 〈본인 및 배우자 부담〉 생활비 마련 방법   (단위: %)

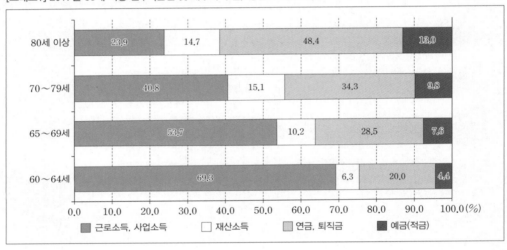

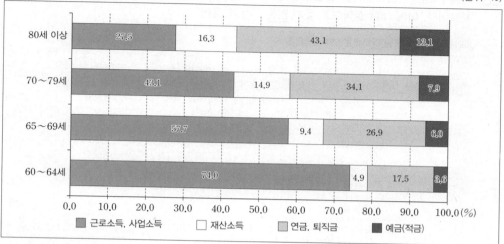

[그래프2] 2019년 60세 이상 인구 〈본인 및 배우자 부담〉 생활비 마련 방법

(단위: %)

- 80세 이상: 근로소득, 사업소득 27.5 / 재산소득 16.3 / 연금, 퇴직금 43.1 / 예금(적금) 13.1
- 70~79세: 근로소득, 사업소득 43.1 / 재산소득 14.9 / 연금, 퇴직금 34.1 / 예금(적금) 7.9
- 65~69세: 근로소득, 사업소득 57.7 / 재산소득 9.4 / 연금, 퇴직금 26.9 / 예금(적금) 6.0
- 60~64세: 근로소득, 사업소득 74.0 / 재산소득 4.9 / 연금, 퇴직금 17.5 / 예금(적금) 3.6

■ 근로소득, 사업소득   □ 재산소득   ▨ 연금, 퇴직금   ■ 예금(적금)

┤ 보기 ├

㉠ 2019년에 전체 응답자 중 자녀 또는 친척의 지원을 받아 생활비를 마련하는 60대는 약 219 명이다.

㉡ 2017년에 본인 및 배우자 부담으로 생활비를 마련하는 응답자 중 재산소득으로 생활비를 마련하는 응답자 수는 80대 이상이 가장 많다.

㉢ 2019년에 본인 및 배우자 부담으로 생활비를 마련하는 응답자 중 재산소득으로 생활비를 마련하는 70대는 예금(적금)으로 생활비를 마련하는 70대보다 20명 이상 많다.

㉣ 본인 및 배우자 부담으로 생활비를 마련하는 응답자 중 연금, 퇴직금으로 생활비를 마련하는 60~64세 응답자는 2017년이 2019년보다 많다.

① ㉠, ㉡   ② ㉠, ㉢   ③ ㉡, ㉢
④ ㉡, ㉣   ⑤ ㉠, ㉢, ㉣

20 다음 [표]는 다문화혼인별 신혼부부 수와 배우자와의 관계에서 문제가 생길 때 대응 방법에 관한 자료이다. 이에 대한 설명으로 옳지 <u>않은</u> 것을 고르면?

[표1] 2018년 시도별 다문화혼인별 신혼부부 수

(단위: 쌍)

행정구역별	남편 / 아내	합계	한국인(출생)	한국인(귀화)	외국인
전국	합계	88,638	66,505	3,530	18,603
	한국인(출생)	11,899		407	11,492
	한국인(귀화)	11,534	4,000	423	7,111
	외국인	65,205	62,505	2,700	
서울	합계	15,856	9,925	998	4,933
	한국인(출생)	3,913		128	3,785
	한국인(귀화)	1,985	705	132	1,148
	외국인	9,960	9,221	739	

[표2] 2018년 다문화혼인별 신혼부부가 배우자와의 관계에서 문제가 생길 때 대응 방법

(단위: %)

구분	배우자와의 관계에서 문제가 생길 때 대응 방법(1순위)				배우자와의 관계에서 문제가 생길 때 대응 방법(복수 응답)			
	한국 출신		외국 출신		한국 출신		외국 출신	
	남편	아내	남편	아내	남편	아내	남편	아내
그냥 참는다	39.8	24.1	39.5	36.1	50.8	32.2	48.3	46.3
혼자 문제 해결방법을 찾아본다	10.1	10.2	8.4	6.6	22.4	18.7	18.9	14.5
배우자와 대화로 해결한다	41.6	57.2	47.3	48.9	60.1	74.2	60.5	65.3
쇼핑을 한다	0.2	1.1	0.0	2.2	0.9	4.2	0.1	5.0
취미생활로 푼다	1.3	1.4	0.7	0.2	5.0	7.0	3.1	1.8
술을 마신다	4.7	0.7	4.0	2.6	12.3	2.6	11.0	3.7
자녀에게 화풀이한다	0.1	0.1	0.0	0.1	0.5	0.8	0.0	0.4
지인과 이야기한다	1.8	3.4	0.0	3.0	8.2	18.2	4.0	12.5
전문가와 상담한다	0.1	0.1	0.0	0.0	0.6	0.4	0.0	0.2
종교에 의지한다	0.2	1.2	0.1	0.2	1.0	3.8	1.0	0.2
기타	0.1	0.5	0.0	0.1	0.3	0.5	0.0	0.2

※ 남편과 아내가 모두 한국 출생인 경우는 조사 대상이 아니다.

① 전국 다문화혼인별 신혼부부 중 서울 다문화혼인별 신혼부부가 차지하는 비중은 약 18%이다.
② 한국에서 출생한 한국인의 배우자가 귀화한 한국인 남성인 경우보다 배우자가 귀화한 한국인 여성인 경우가 더 많다.
③ 서울의 다문화혼인별 신혼부부는 아내가 외국인인 경우가 남편이 외국인인 경우보다 2배 이상 많다.
④ 다문화혼인별 신혼부부가 배우자와의 관계에서 문제가 생길 때 대응 방법 1순위로 '배우자와 대화로 해결한다.'고 응답한 한국 출신 아내와 외국 출신 아내는 모두 50% 이상이다.
⑤ 다문화혼인별 신혼부부는 출신과 관계없이 남편과 아내 모두 배우자와의 관계에서 생긴 문제를 배우자와 대화로 해결하려는 비중이 가장 높다.

21 다음은 2021년 상반기 온라인 해외 직접 판매액 및 구매액에 대한 자료이다. 이를 토대로 계산한 $a+b$의 값을 고르면?(단, 소수점 아래 둘째 자리에서 반올림하여 계산한다.)

[표] 온라인 해외 직접 판매액 및 구매액

(단위: 억 원)

구분		2020년		2021년	
		1/4분기	2/4분기	1/4분기	2/4분기
해외 직접 판매액		13,457	12,849	11,886	12,038
	면세점	11,572	10,520	9,724	9,744
해외 직접 구매액		8,899	9,144	14,125	11,212

> 2021년 2/4분기 온라인 해외 직접 판매액은 전년 동분기 대비 a% 감소했고, 해외 직접 구매액은 전분기 대비 b% 감소했다.

① 13.7
② 26.9
③ 30.0
④ 37.1
⑤ 43.2

22 다음 [그래프]는 학교급별 사교육 참여시간 및 사교육비에 관한 자료이다. K사의 김 대리가 [그래 프1~4]를 참고하여 [보고서]를 작성하였을 때, 밑줄 친 ㉠~㉣ 중 옳지 않은 설명을 모두 고르면?

[그래프1] 학교급별 사교육 참여율
(단위: %)

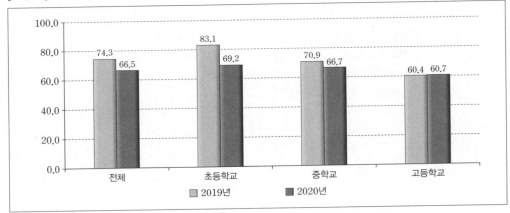

[그래프2] 학교급별 주당 사교육 참여시간
(단위: 시간)

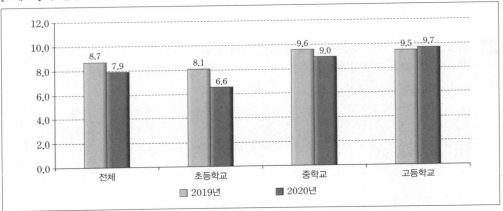

[그래프3] 교과별 참여학생 1인당 월평균 사교육비
(단위: 만 원)

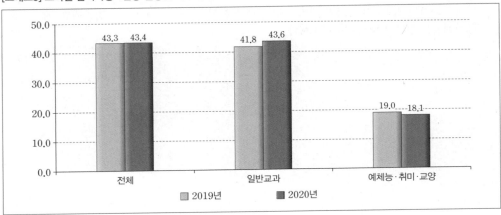

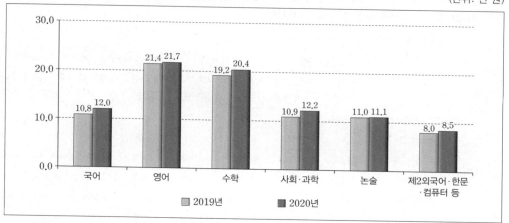

[그래프4] 일반교과 과목별 참여학생 1인당 월평균 사교육비

(단위: 만 원)

■ 2019년   ■ 2020년

[보고서]

■ 초중고 사교육 참여율은 66.5%이고, 주당 사교육 참여시간은 7.9시간으로 전년 대비 각각 7.8%p, 0.8시간 감소
  ○ 참여율은 초등학교 69.2%, 중학교 66.7%, 고등학교 60.7% 순으로 높음
    − ㉠ 이는 전년 대비 고등학교는 0.3%p 증가하였으나, 초등학교는 13.9%p, 중학교는 4.2%p 감소함
  ○ ㉡ 주당 사교육 참여시간은 중학교 9.6시간, 고등학교 9.5시간, 초등학교 8.1시간 순으로 높음
■ ㉢ 일반교과 참여학생 1인당 월평균 사교육비는 43만 6천 원으로 전년 대비 4.3% 증가
  ○ ㉣ 교과별 참여학생의 전체 1인당 월평균 사교육비는 43만 4천 원, 일반교과 43만 6천 원, 예체능·취미·교양은 18만 1천 원이며, 모두 전년 대비 증가함
  ○ 일반교과 과목별 참여학생 1인당 월평균 사교육비는 영어 21만 7천 원, 수학 20만 4천 원, 사회·과학 12만 2천 원, 국어 12만 원 순으로 많이 지출하였으며, 전년 대비 모두 증가함

① ㉠, ㉡   ② ㉠, ㉢   ③ ㉠, ㉣
④ ㉡, ㉢   ⑤ ㉡, ㉣

[23~25] 다음 [표]는 연도별, 가구원수별 부채 보유 여부에 따른 전 가구 평균 자산, 부채, 소득 현황에 관한 자료이다. 이를 바탕으로 질문에 답하시오.

[표] 가구원수별 부채 보유 여부에 따른 전 가구 평균 자산, 부채, 소득 현황 (단위: 만 원)

가구원수별	분류	2017년		2018년		2019년		2020년	
		전 가구 평균	부채 보유 가구 평균	전 가구 평균	부채 보유 가구 평균	전 가구 평균	부채 보유 가구 평균	전 가구 평균	부채 보유 가구 평균
전체	가구주 연령 (세)	54	51	55	52	55	52	56	53
	경상소득	5,478	6,336	5,705	6,551	5,828	6,728	5,924	6,882
	자산	38,671	47,340	42,036	50,988	43,191	52,436	44,543	54,128
	금융자산	9,722	10,536	10,346	11,209	10,570	11,478	10,504	11,437
	실물자산	28,950	36,804	31,689	39,779	32,621	40,958	34,039	42,691
	부채	7,099	11,179	7,668	11,955	7,910	12,397	8,256	12,971
	금융부채	5,041	7,938	5,539	8,636	5,755	9,020	6,050	9,504
	임대보증금	2,058	3,241	2,129	3,319	2,155	3,378	2,207	3,467
	순자산액	31,572	36,161	34,368	39,033	35,281	40,039	36,287	41,157
1인	가구주 연령 (세)	59	53	60	54	60	54	61	54
	경상소득	1,961	2,619	2,063	2,729	2,116	2,724	2,162	2,826
	자산	14,444	23,086	15,689	23,595	16,055	24,409	17,551	25,807
	금융자산	4,136	5,501	4,480	5,593	4,642	5,964	4,918	5,804
	실물자산	10,308	17,585	11,209	18,002	11,414	18,445	12,633	20,003
	부채	1,923	5,177	2,188	5,590	2,089	5,393	2,521	6,319
	금융부채	1,260	3,391	1,485	3,793	1,433	3,700	1,774	4,446
	임대보증금	663	1,786	703	1,796	656	1,693	747	1,873
2인	가구주 연령 (세)	60	58	61	59	62	60	63	60
	경상소득	3,954	4,642	4,121	4,836	4,247	4,890	4,503	5,150
	자산	37,865	49,248	41,098	53,281	41,498	52,106	43,477	54,028
	금융자산	7,823	8,468	8,412	9,239	8,752	9,411	8,905	9,587
	실물자산	30,041	40,779	32,686	44,042	32,746	42,695	34,572	44,442
	부채	5,612	10,164	5,852	10,471	5,765	10,207	6,112	10,903
	금융부채	3,677	6,659	3,930	7,032	3,791	6,713	4,087	7,291
	임대보증금	1,935	3,505	1,922	3,439	1,974	3,495	2,025	3,612
3인	가구주 연령 (세)	51	50	51	51	52	51	52	51
	경상소득	6,470	6,690	6,766	6,968	7,140	7,411	7,339	7,555
	자산	43,920	48,502	48,200	52,681	52,088	56,974	52,846	57,011
	금융자산	12,008	11,780	12,570	12,493	13,527	13,454	12,910	12,595
	실물자산	31,912	36,722	35,630	40,187	38,562	43,520	39,936	44,416
	부채	8,223	11,484	9,188	12,629	10,025	13,707	10,453	14,074
	금융부채	5,648	7,888	6,595	9,064	7,456	10,195	7,868	10,593
	임대보증금	2,575	3,596	2,594	3,565	2,569	3,513	2,586	3,481

4인	가구주 연령 (세)	48	47	48	48	48	48	48	48
	경상소득	7,764	7,850	8,257	8,202	8,563	8,516	8,951	8,929
	자산	48,931	51,843	53,031	55,530	55,239	57,577	59,148	61,937
	금융자산	13,027	12,531	14,044	13,316	14,496	13,724	14,804	14,259
	실물자산	35,903	39,312	38,988	42,214	40,743	43,853	44,344	47,678
	부채	10,064	12,803	10,714	13,586	11,498	14,472	12,593	15,691
	금융부채	7,392	9,404	7,879	9,991	8,510	10,712	9,352	11,653
	임대보증금	2,672	3,400	2,835	3,595	2,987	3,760	3,241	4,039
5인 이상	가구주 연령 (세)	49	48	49	48	49	49	49	48
	경상소득	8,220	8,222	8,817	8,792	9,445	9,303	9,786	9,702
	자산	49,826	52,078	57,668	59,690	60,906	62,421	62,980	65,662
	금융자산	11,803	11,122	13,249	12,637	12,684	11,912	13,703	13,213
	실물자산	38,023	40,957	44,419	47,054	48,222	50,509	49,277	52,449
	부채	10,962	13,794	13,219	16,089	14,484	17,303	14,866	17,449
	금융부채	8,632	10,862	10,435	12,701	11,344	13,552	11,734	13,773
	임대보증금	2,330	2,932	2,784	3,388	3,140	3,751	3,132	3,676

※ 1) 전 가구＝부채 미보유 가구＋부채 보유 가구
2) 순자산액＝자산－부채
3) 자산＝금융자산＋실물자산
4) 부채＝금융부채＋임대보증금

23 주어진 자료에 대한 설명으로 옳은 것을 [보기]에서 모두 고르면?

┤ 보기 ├

ⓐ 가구원수별 분류에서 매년 전 가구의 가구주 평균 연령은 부채 보유 가구의 가구주 평균 연령보다 적지 않다.
ⓑ 부채 보유 가구 중 매년 순자산액이 증가한 가구의 가구원 수는 3인, 4인, 5인 이상이다.
ⓒ 가구원수 전체의 전 가구에서 부채 대비 자산은 2018년이 2020년보다 많다.

① ㉠   ② ㉡   ③ ㉢   ④ ㉠, ㉡   ⑤ ㉠, ㉢

24 2020년 부채 보유 가구가 전 가구의 64%라고 할 때, 부채 보유 가구 평균 자산 대비 부채 미보유 가구 평균 자산의 비중을 고르면?(단, 소수점 아래 첫째 자리에서 반올림하여 계산한다.)

① 60%   ② 62%   ③ 64%   ④ 162%   ⑤ 164%

25 주어진 자료의 내용을 나타낸 그래프로 옳은 것을 [보기]에서 모두 고르면?

┤보기├

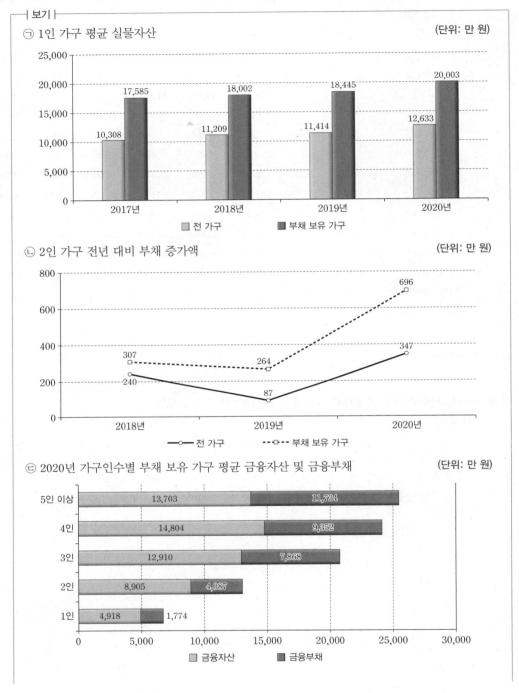

㉠ 1인 가구 평균 실물자산 (단위: 만 원)

㉡ 2인 가구 전년 대비 부채 증가액 (단위: 만 원)

㉢ 2020년 가구인수별 부채 보유 가구 평균 금융자산 및 금융부채 (단위: 만 원)

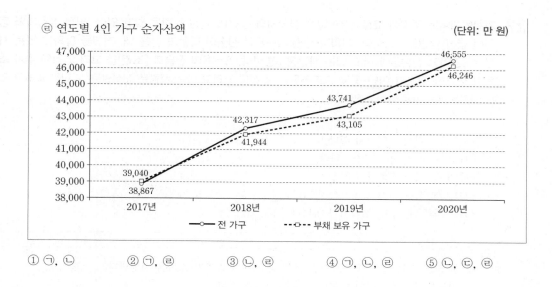

ⓒ 연도별 4인 가구 순자산액   (단위: 만 원)

① ㉠, ㉡   ② ㉠, ㉢   ③ ㉡, ㉢   ④ ㉠, ㉡, ㉢   ⑤ ㉡, ㉢, ㉣

26 다음 [조건]에 따라 학생 A~H 8명의 자리를 배치하고자 한다. [조건]을 고려하였을 때, 몇 번 자리에 앉는지 정확하게 알 수 <u>없는</u> 사람을 고르면?

┤ 조건 ├

| 칠판 |

| 자리 1 | 자리 3 | 자리 5 | 자리 7 |
| 자리 2 | 자리 4 | 자리 6 | 자리 8 |

| 창가 |

- A, B, C, D, E, F, G, H를 자리 1~8에 배치한다.
- 자리 1과 자리 2, 자리 3과 자리 4, 자리 5와 자리 6, 자리 7과 자리 8에 앉은 사람을 서로 짝이라 칭한다.
- 자리 1, 3, 5, 7을 1분단, 자리 2, 4, 6, 8을 2분단이라 칭한다.
- D는 자리 5, F는 자리 4에 앉는다.
- A와 G는 짝이고, B와 H는 짝이다.
- A는 F와 같은 분단이고, E와 다른 분단이다.
- C는 G보다 칠판과의 거리가 가깝지만, F보다는 멀다.
- G는 창가와 먼 자리에 앉는다.

① A   ② C   ③ E   ④ G   ⑤ H

27 기획팀에서는 주말에 코로나 19 밀접 접촉자와 동선이 겹친 팀원을 찾고 있다. 밀접 접촉자와 동선이 겹친 팀원은 2명이다. 기획팀 팀원 A~E의 진술이 다음과 같을 때, 거짓을 말하고 있는 사람은 2명이고 진실을 말하고 있는 사람은 3명이다. A~E의 진술과 [조건]을 고려할 경우 추가 소독이 필요한 장소가 <u>아닌</u> 곳을 고르면?(단, 진실을 말하고 있는 사람은 진실만을, 거짓을 말하고 있는 사람은 거짓만을 말하고 있다.)

- A: B는 거짓을 말하고 있다.
- B: C는 밀접 접촉자가 아니다.
- C: D는 밀접 접촉자이다.
- D: 나와 E는 밀접 접촉자가 아니다.
- E: 나와 A는 밀접 접촉자가 아니다.

┤조건├
- 오늘 코로나 19 밀접 접촉자가 방문한 장소는 사내 추가 소독을 시행한다.
- A, B, C, D, E가 금일 방문한 장소는 다음과 같다.

A	B	C	D	E
회의실, 매점	식당, 복사실	회의실, 탕비실	탕비실, 매점	복사실, 식당

① 매점   ② 식당   ③ 회의실
④ 복사실   ⑤ 탕비실

28 다음 [조건]을 바탕으로 옳지 <u>않은</u> 설명을 고르면?

┌─ 조건 ├───┐

- 5층의 주택에 1층부터 5층까지 각각 1명의 독신 가구가 살고 있다.
- 주택의 거주인은 남자 3명, 여자 2명이며, 이들은 각각 의사, 약사, 변호사, 변리사, 회계사 중 하나의 직업을 가지고 있다.
- 2층에는 남자가 살고 있고, 3층에는 약사가 살고 있다.
- 3층과 4층에 사는 사람은 성별이 같다.
- 변호사는 회계사보다 높은 층에 살고 있고, 의사보다 낮은 층에 살고 있다.
- 변리사는 남자이고, 회계사는 짝수 층에 살고 있다.

└──┘

① 1층에는 남자가 살고 있다.
② 2층에는 회계사가 살고 있다.
③ 3층에는 남자가 살고 있다.
④ 4층에는 변호사가 살고 있다.
⑤ 5층에는 의사가 살고 있다.

29 영상기획팀에서는 [조건]에 따라 다음 주 월~금에 각 팀을 소개하는 영상을 업로드할 예정이다. A~E 5명 중 2명이 거짓을, 3명이 진실을 말한다고 할 때, 항상 참인 설명을 고르면?(단, 거짓을 말하는 사람의 말에는 진실이 포함되어 있지 않다.)

┤ 조건 ├
- 영상은 월, 화, 수, 목, 금에 각각 1개씩 올라간다.
- 소개하려는 팀은 마케팅팀, 재무팀, 홍보팀, 기획팀, 인사팀이다.

- A: 홍보팀은 인사팀보다 먼저, 마케팅팀은 기획팀보다 먼저 영상이 올라갈 거야.
- B: 화요일에 재무팀 영상이 올라가고, 목요일에 기획팀 영상이 올라갈 거야.
- C: 홍보팀 영상이 올라간 다음 날에는 인사팀 영상이 올라갈 거야.
- D: 홍보팀보다 먼저 소개하는 팀과 늦게 소개하는 팀의 숫자는 같아.
- E: 마케팅팀 영상이 올라간 다음 날에는 홍보팀 영상이 올라갈 거야.

① A의 말이 진실인 경우, C의 말은 진실이다.
② C와 D의 말이 진실인 경우, A의 말은 거짓일 수 있다.
③ B의 말이 진실인 경우, 거짓을 말하는 사람은 A와 C이다.
④ D와 E의 말이 모두 진실일 수 있다.
⑤ B의 말이 진실인 경우, 금요일에 영상이 업로드되는 팀은 인사팀이다.

30 P사의 사무실 관리 담당자 A~E 5명이 [보기]와 같이 진술하였는데, 5명 중 1명이 거짓을 말하고 나머지 4명은 모두 진실을 말하고 있다. 사무실 관리 대상이 화분, 탕비실, 책장, 공기청정기, 복합기라고 할 때, C가 담당하는 사무실 관리 대상을 고르면?(단, 거짓을 말하는 사람의 말에는 진실이 포함되어 있지 않다.)

┤ 보기 ├
- A: 화분을 관리하는 사람이 거짓을 말하고 있어.
- B: D는 탕비실을 관리하고, E는 공기청정기를 관리해.
- C: 나는 화분을 관리하지 않고, B는 책장을 관리해.
- D: A는 화분을 관리하는 사람이 아니야.
- E: C는 책장을 관리하지 않고, D는 화분을 관리하지 않아.

① 책장　　　　　　　② 복합기　　　　　　　③ 공기청정기
④ 화분　　　　　　　⑤ 탕비실

매일 만나는 최신 취업 트렌드, 에듀윌 공기업 월간NCS

31 다음은 H공기업의 해외 출장 여비 규정과 갑~정의 국외 출장 현황을 나타낸 자료이다. 이를 바탕으로 갑, 을, 병, 정이 지급받을 총 해외 출장 여비의 합을 고르면?(단, H공기업의 직급은 부장, 팀장, 과장, 대리, 주임, 사원 순으로 높다.)

○ 출장 여비는 숙박비＋식비＋일비＋교통비이다.
○ 숙박비는 실비지급이 원칙이다.
 − 실비지급 숙박비(달러)＝(1박 실지출 비용)×('박' 수)
 − 1박 실지출 비용이 1일 숙박비 상한선을 초과할 경우 1일 숙박비 상한액을 기준으로 계산하여 지급한다.
 − 단, 2명 이상이 같은 숙소에서 숙박한 경우 1인에게만 정액지급하며, 직급이 더 높은 사람의 1일 숙박비 상한액의 1.8배를 지급한다.
○ 식비는 정액지급이며, 국가마다 상이하다.
 − 식비(달러)＝(출장국가 1일 식비)×('일' 수)
○ 일비는 정액지급이며, 직급이 과장 이상인 사람은 1일 일비의 1.4배를 지급한다.
○ 교통비는 실비지급이며, 개인 마일리지를 사용한 경우 교통비의 20%를 추가 지급한다.
○ 국가별 1인당 여비 지급 기준액은 다음과 같다.

국가	1박 숙박비 상한액(달러/박)		1일 식비(달러/일)	1일 일비(달러/일)
	과장 이상	대리 이하		
A국	800	600	250	50
B국	1,000	800	300	55
C국	600	500	200	40
D국	1,200	900	320	60

[표] 갑~정의 국외 출장 현황

직원	직급	출장 국가	출장 기간	1박 실지출 비용 (달러/박)	총 교통비 (달러)	개인 마일리지 사용 여부
갑	주임	A국	4박 5일	500	4,800	사용
을	사원	C국	3박 5일	700	10,500	미사용
병	과장	C국	3박 5일		12,400	사용
정	대리	D국	3박 4일	1,000	8,500	미사용

※ 1) 각 출장자의 출장 기간 중 매박 실지출 비용은 변동 없음
  2) 을과 병은 출장 기간 중 같은 숙소에서 숙박함

① 53,080달러　　　　　② 53,620달러　　　　　③ 54,160달러
④ 54,340달러　　　　　⑤ 54,680달러

[32~33] 정부 시책에 따라 S시의 A지역에 주민 혐오 시설이 들어서게 되었다. 이에 따라 S시에서는 새로운 거주지와 다음의 평가 기준에 따라 이사하는 주민들에게 지원금을 지급하기로 결정하였다. 이를 바탕으로 질문에 답하시오.

[표1] 이사 전 거주 지역별 기간별 지원금 (단위: 원/가구)

구분	5년 미만	5년 이상 10년 미만	10년 이상 15년 미만	15년 이상
A지역	480,000	580,000	680,000	780,000
B지역	420,000	520,000	620,000	720,000
C지역	350,000	450,000	550,000	650,000
D지역	450,000	550,000	650,000	750,000
E지역	380,000	480,000	580,000	680,000

[표2] 지역별 이사 형태에 따른 지원금 (단위: 원/가구)

이사 형태	지원 금액
A지역 → B, D지역	1,500,000
A지역 → C, E지역	1,300,000
B, C, D, E 지역 → A지역	2,000,000
B, C, D, E 지역 간 상호 이동	1,000,000

※ 1) S시에는 A~E 5개 지역만 있으며, 위의 이사 형태인 경우에만 지원금이 지급됨
   2) S시에서 책정한 총 지원금의 한도액은 3,800만 원이며, 한도액 초과 시 B, C, D, E 지역 간 상호 이동하는 가구에서 균등 부담함

[표3] 이사 가구 현황

구분	이전 거주 지역	신규 거주 지역	이사 예정 시기	이전 거주 지역 거주 기간
갑	A지역	D지역	85일 후	7년
을	A지역	D지역	98일 후	12년
병	A지역	E지역	47일 후	9년
정	A지역	E지역	102일 후	3년
무	A지역	E지역	66일 후	8년
기	C지역	A지역	192일 후	8년
경	D지역	E지역	384일 후	2년
신	D지역	E지역	14일 후	10년
임	B지역	C지역	292일 후	15년
계	D지역	C지역	27일 후	12년

[표4] 이사 예정 시기에 따른 추가 지원금 (단위: 원/가구)

구분	30일 이내	60일 이내	90일 이내	180일 이내	270일 이내	360일 이내	360일 초과
지원금	3,000,000	2,800,000	2,600,000	2,300,000	2,000,000	1,500,000	1,000,000

32 주어진 자료를 바탕으로 갑~계 가구에 이사 지원금을 지급할 경우 S시에서 책정한 총 지원금의 한도액이 초과된다. 이 경우 이사 형태가 B, C, D, E 지역 간 상호 이동하는 각 가구에서 부담해야 하는 가구당 분담액이 얼마인지 고르면?

① 915,000원 　　　　② 935,000원 　　　　③ 955,000원
④ 975,000원 　　　　⑤ 995,000원

33 갑~계 가구에 지급되는 이사 지원금에 한도액이 없다고 가정할 때, 주어진 자료를 바탕으로 갑~계 가구의 이사 현황에 대한 설명으로 옳은 것을 [보기]에서 모두 고르면?

┌─ 보기 ┐
　⊙ 이사 형태에 따른 지원금과 이사 예정 시기에 따른 지원금이 각각 같은 가구는 2가구이다.
　ⓛ 이사 예정 시기에 따른 지원금이 가장 많은 가구는 이사 형태에 따른 지원금이 가장 적다.
　ⓒ 갑~계 가구의 거주 지역 중 이전 거주 지역은 A가 가장 많고 신규 거주 지역은 E가 가장 많다.
　ⓔ 이사 예정 시기에 따른 지원금의 총합은 이사 형태와 이전 거주 지역 거주 기간에 따른 지원금의 총합보다 많다.
└──────────────────────────┘

① ⊙, ⓛ, ⓒ 　　　　② ⊙, ⓛ, ⓔ 　　　　③ ⊙, ⓒ, ⓔ
④ ⓛ, ⓒ, ⓔ 　　　　⑤ ⊙, ⓛ, ⓒ, ⓔ

[34~35] 다음은 집합 건물 전기요금 감면 제도에 관한 안내문이다. 이를 바탕으로 질문에 답하시오.

- 시행배경: 코로나 19 재확산에 의해 경제적 어려움을 겪고 있는 소상공인 등 취약계층의 전기요금 부담 완화
- 감면 대상: 행정명령 이행으로 제4차 재난지원금을 수령한 소상공인
- 감면 기준
  - 집합금지 업종 50% 감면(한도 30만 원/월)
  - 영업제한 업종 30% 감면(한도 18만 원/월)
- 대상 요금: 기본요금과 전력량요금의 합계 금액(단, 부가가치세, 전력산업기반기금, TV수신료, 공동전기요금은 제외)
- 감면 방법: 전월분 전기요금 내역을 제출하여 당월 요금에 감면
- 감면 기간: 2021년 4~6월 전기요금(3개월간)
- 신청 주체: 건물 관리사무소(건물 관리사무소에 지원신청서를 제출하면 관리사무소에서 한전에 일괄 신청, 중소기업벤처부 자료와 신청자 정보 교차 검증하여 정보가 일치하는 경우 전기요금 할인 적용)
- 신청 절차
  1) 한전사이버지점 방문(회원가입 없음)
  2) 요금 감면 신청서(집합건물계약) 다운로드 및 작성 후 사진 촬영
  3) 핸드폰 문자서비스를 통해 촬영한 신청서 첨부하고 한전으로 발송
- 참고사항
  1) 감면 신청기간 내 신청 시 소급 적용하며, 신청기간이 지난 후 신청 시 감면 적용 불가능
  2) 최초 신청 시에만 '요금 감면 신청서'를 제출한 후, 다음 달 요금 감면을 위하여 매달 '소상공인 요금 부과 내역서' 제출(미제출 시 요금 감면 불가능)

34 주어진 안내문에 대한 설명으로 옳지 <u>않은</u> 것을 고르면?

① 영업제한 업종을 운영하고 있는 A 씨의 기본요금과 전력량요금의 합계 금액이 한 달에 48만 원일 경우, A 씨의 한 달 감면액은 144,000원이다.

② 집합금지 업종을 운영하고 있는 B 씨의 기본요금과 전력량요금의 합계 금액이 한 달에 72만 원일 경우, B 씨의 한 달 감면액은 300,000원이다.

③ 집합 건물 전기요금 감면 신청을 위해서는 반드시 한전사이버지점을 방문해야 한다.

④ 이전 달의 전기요금 내역을 제출할 경우, 당월 요금에서 해당액이 감면된다.

⑤ 지원신청서는 신청 당사자가 핸드폰 문자서비스를 통해 개별적으로 한전에 신청한다.

35 영업제한 업종을 운영하고 있는 소상공인인 김 씨는 전기요금 감면을 신청하였다. 김 씨의 4월 요금과 5월 요금이 다음과 같을 때, 주어진 자료를 바탕으로 김 씨가 5월에 납부해야 하는 전기요금을 고르면?(단, 십 원 미만은 절사한다.)

구분	요금	
	4월	5월
기본요금	487,560원	564,380원
전력량요금	9,294원	12,347원
부가가치세	48,768원	67,890원
전력사업기반기금	25,430원	30,240원
TV 수신료	4,800원	3,900원
공통전기요금	3,650원	4,440원

① 531,140원
② 532,140원
③ 533,140원
④ 534,140원
⑤ 535,140원

[표1] 수혜자 평균 기준

구분	배점	100%	80%	60%	40%	20%	비고
근무 연수	25점	12년 이상	10년 이상 12년 미만	8년 이상 10년 미만	5년 이상 8년 미만	2년 이상 5년 미만	—
고과 점수 평가	25점	95점 이상	90점 이상 95점 미만	85점 이상 90점 미만	80점 이상 85점 미만	80점 미만	전체 기간 평균
자녀 학업 성적	20점	4.2 이상	4.0 이상 4.2미만	3.8 이상 4.0 미만	3.5 이상 3.8 미만	3.0 이상 3.5 미만	직전 2학기 평균
본부장 평가	20점	S	A	B	C	D	전년 기준
제안 실적	10점	15건 이상	12건 이상 15건 미만	10건 이상 12건 미만	5건 이상 10건 미만	4건 미만	전체 기간 누적
근태	최근 1년 이내 근태 문제 1회당 −3점						—

※ 장학금은 지원자 중 평가 기준을 적용한 점수를 바탕으로 총점 60점 이상 득점자에게 모두 지급됨

[표2] 지원자별 지원 현황

구분	갑	을	병	정	무	기
근무 연수	6년	11년	3년	14년	9년	5년
고과 점수 평가	88점	82점	94점	85점	90점	96점
자녀 학업 성적	4.5	3.2	3.2	3.8	4.1	4.2
본부장 평가						
제안 실적	8건	13건	5건	16건	11건	3건
1년 내 근태 문제	1회	—	—	2회	1회	—

36 주어진 자료를 바탕으로 갑~기 6명의 지원자가 모두 장학금을 받을 수 있도록 본부장 평가 점수를 조율하고자 한다. 다음 중 옳지 <u>않은</u> 설명을 고르면?

① 병은 본부장 평가에서 최고점을 받더라도 장학금을 받을 수 없다.
② 모든 지원자가 D를 받을 경우 장학금을 받을 수 있는 지원자는 2명이다.
③ 모든 지원자가 C를 받을 경우 장학금을 받을 수 있는 지원자는 3명이다.
④ 모든 지원자가 B를 받을 경우 장학금을 받을 수 있는 지원자는 4명이다.
⑤ 모든 지원자가 S를 받을 경우 장학금을 받을 수 있는 지원자는 5명이다.

37 갑~기의 2021년의 본부장 평가 점수가 다음과 같다고 할 때, 주어진 자료를 바탕으로 [보기]에서 항상 참인 설명을 모두 고르면?

구분	갑	을	병	정	무	기
본부장 평가	B	A	S	A	C	B

┤ 보기 ├
　㉠ 점수 평가 시, 최근 1년 이내에 관한 내용만 포함하는 항목은 3가지이다.
　㉡ 본부장 평가 고려 시, 장학금을 받는 지원자는 3명이다.
　㉢ 자녀 학업 성적에 대한 평가를 직전 3학기 평균으로 변경할 경우, 장학금 수혜자는 증가한다.
　㉣ 3년 전의 고과 점수는 현재 점수에 영향을 주지 않는다.

① ㉠, ㉡　　　② ㉠, ㉣　　　③ ㉡, ㉢　　　④ ㉡, ㉣　　　⑤ ㉢, ㉣

38 K사의 대학생 자녀 학자금 지원 제도의 수혜 조건이 다음과 같이 변경되었다. 갑~기의 자녀 학업 성적과 본부장 평가 성적이 아래 [표3]과 같다고 가정할 때, 옳지 <u>않은</u> 설명을 고르면?(단, 자녀 학업 성적 및 본부장 평가 성적 외에 갑~기의 지원 현황은 주어진 자료의 [표2]와 동일하다.)

[자녀 장학금 수혜 조건 변경안]
• 자녀 학업 성적에 대한 점수 적용을 직전 1학기로 한정한다.
• 직전 1학기로 한정하되, 2학기 전 대비 학점 0.5점 이상 상승 시 5점의 가점을 부과한다.

[표3] 갑~기의 본부장 평가 및 자녀 학업 성적

구분	갑	을	병	정	무	기
2학기 전 자녀 학업 성적	4.0	3.4	3.8	4.1	3.9	3.5
직전 학기 자녀 학업 성적	3.9	4.0	3.7	3.8	4.3	4.1
본부장 평가	A	A	S	B	C	B

① 학점 상승에 따른 가점 적용 여부에 관계없이 장학금 수혜 인원수는 동일하다.
② 변경 전과 동일하게 자녀 학업 성적을 직전 2학기 평균으로 반영하는 경우와 장학금 수혜 인원수가 같다.
③ 본부장 평가를 A 이상 받은 지원자 중 장학금을 받을 수 있는 지원자는 1명이다.
④ 2학기 전과 비교하였을 때 직전 학기에 자녀의 학업 성적이 오른 직원의 수와 떨어진 직원의 수는 같다.
⑤ 총합 점수가 가장 높은 직원은 1년 내 근태 문제가 있었다.

39 다음 글을 읽고 A에게 할 수 있는 조언으로 가장 적절한 것을 고르면?

> A는 자기개발에 대한 계획을 수립하는 데 있어서 영역을 광범위하게 설정하고 큰 그림을 그리듯이 추상적으로 목표를 정한다. 그러다 보니 세부 계획을 수행하는 과정에서 문제점이 자주 발생하여 문제해결에 많은 시간을 할애하고 있다. 결과적으로 A는 본인이 처음에 목표한 바를 제대로 완료하지 못하는 경우가 상당히 많아 여러모로 스트레스를 받고 있다. A는 자기개발 설계 전략을 돌이켜 보고 반성할 수 있는 기회를 전혀 갖지 못한 채, 목표를 수정하고 코앞에 닥친 일을 처리하는 데 대부분의 시간과 노력을 쏟고 있다.

① 자신을 브랜드화할 수 있는 방법을 찾아보세요.
② 혼자만 계획을 세울 것이 아니라 주변 인간관계를 고려해 보세요.
③ 본인이 처한 직무를 가장 우선시해야 합니다.
④ 업무의 효율성을 위해 계획을 명확하고 구체적으로 세워보세요.
⑤ 보다 많은 정보를 얻을 수 있도록 다양한 활동을 병행하세요.

40 L기업의 신입사원들은 자기개발에 관한 사내 교육 수강을 마친 후, 교육받은 내용에 관해 대화를 나누고 있다. 신입사원들이 나눈 대화의 일부가 다음과 같을 때, 자기개발의 필요성과 특징에 대해 **잘못** 이야기하고 있는 사람을 모두 고르면?

> • 갑: 직업생활에서의 자기개발은 업무의 성과를 향상시키기 위해 이루어진다고 볼 수 있어요.
> • 을: 자기개발은 중요한 사건이나 요구가 있을 때 일시적으로 진행되는 경우가 많아요.
> • 병: 자기개발에서 개발의 주체는 자기 자신, 객체는 본인이 달성하려는 목표에 해당해요.
> • 정: 자기개발은 주변 사람들과 긍정적인 인간관계를 형성하고 유지하는 토대가 되기도 해요.
> • 무: 본인에 대한 이해를 바탕으로 자신에게 알맞은 자기개발 전략이나 방법을 선정해야 해요.

① 갑, 정   ② 을, 병   ③ 을, 정   ④ 병, 무   ⑤ 정, 무

41 시간은 누구에게나 매일 같은 양만큼 주어지는 자원이라는 점을 고려하였을 때, 다음 글에서 파악할 수 있는 시간자원의 특성으로 가장 적절한 것을 고르면?

앞서가는 리더들은 코로나 19로 인해 모임과 회식 등의 사회활동이 취소되면서 퇴근 이후의 시간에 대한 가치를 자각하기 시작했다. 기업은 모니터링이 어려운 상황에서 구성원의 업무 역량과 성과에 대한 측정이 어려울 것이라 불안해했지만, 오히려 생산성이 재편되고 관리비용이 절감되는 등 부수적인 효과를 경험하면서 모든 세상이 디지털로 연결되는, 이른바 '디지택트(Digital−contact)'를 위한 준비를 서두르고 있다. 또한, 주 5일제가 전면 실시된 이후 이제는 주 4일제에 대한 이슈가 떠오르고 있다. 이렇게 개개인이 자유롭게 활용할 수 있는 시간이 늘어나면서 시간을 계획적으로 소비하는 사람과 그렇지 않은 사람은 가까운 미래에 많은 격차가 벌어질 수밖에 없는 상황에 놓이게 되었다. 이에 직장인의 퇴근 후 2시간을 겨냥한 다양한 프로그램과 대안이 쏟아지고 있다. 이러한 상황에서 시간의 가치를 극대화하기 위해서는 시간의 특성을 고려한 시간 관리 솔루션을 모색할 필요가 있다.

① 정규 업무 시간 외의 야근 시간을 활용하면 효율적인 시간관리가 가능하다.
② 똑같이 주어지는 시간을 어떻게 쓰느냐에 따라 총량의 가치가 달라진다.
③ 잠을 줄여야 효율적인 시간 관리를 할 수 있는 기본 여건이 마련된다.
④ 직업인이 아니라면 시간 관리는 특별한 의미를 갖지 못한다.
⑤ 시간은 누구에게나 똑같은 속도로 흐른다고 볼 수 없다.

[42~43] 다음은 K기업의 성과급 지급 규정에 관한 자료이다. 이를 바탕으로 질문에 답하시오.

> 성과급은 다음 공식에 따라 기본급에 개인별 평가등급에 따른 지급률과 부서별 평가등급에 따른 지급률을 곱하여 산정한다. 단, 성과급 만 원 이하 단위는 반올림한다.
>
> > 성과급＝기본급×개인별 평가등급에 따른 지급률×부서별 평가등급에 따른 지급률
>
> 1) 개인별 평가등급에 따른 지급률
>   - 개인별 평가등급은 실적 점수와 근태 점수의 총합을 계산하여 점수가 높은 순서대로 등급을 부여한다.
>   - 총점이 동일한 경우 근무기간이 더 긴 직원의 순위가 더 높다.
>   - 개인별 평가등급에 따른 인원수 및 지급률은 아래와 같다.
>
> [개인별 평가등급에 따른 인원수 및 지급률]
>
> | 구분 | 1등급 | 2등급 | 3등급 | 4등급 | 5등급 |
> |------|------|------|------|------|------|
> | 인원수 | 1명 | 3명 | 4명 | 3명 | 1명 |
> | 지급률 | 140% | 120% | 100% | 90% | 80% |
>
> 2) 부서별 평가등급에 따른 지급률
>   - 부서별 평가등급은 각 부서의 평가등급에 따라 성과급 지급률이 결정된다.
>   - 각 부서의 평가등급 및 지급률은 아래와 같다.
>
> [부서별 평가등급 및 지급률]
>
> | 구분 | 가 | 나 | 다 | 라 | 마 |
> |------|------|------|------|------|------|
> | 평가등급 | 3등급 | 2등급 | 4등급 | 1등급 | 2등급 |
> | 지급률 | 200% | 250% | 150% | 300% | 250% |

[표] 직원별 평가 점수 및 기본급

구분	부서	근무기간	실적 점수	근태 점수	기본급
A	가	4개월	80	90	280만 원
B	나	1년 2개월	82	100	230만 원
C	마	6개월	96	92	180만 원
D	라	2년 2개월	90	80	270만 원
E	마	1년 8개월	88	98	220만 원
F	나	9개월	78	88	240만 원
G	다	11개월	84	82	190만 원
H	라	1년 5개월	98	94	290만 원
I	다	2년 3개월	92	84	200만 원
J	가	2년 1개월	86	78	260만 원
K	다	1년 7개월	94	96	210만 원
L	마	1년 3개월	100	86	250만 원

42 주어진 자료를 바탕으로 G와 K가 지급받는 성과급의 합을 고르면?

① 605만 원   ② 615만 원   ③ 625만 원

④ 635만 원   ⑤ 645만 원

43 주어진 자료를 바탕으로 개인별 평가등급이 3등급인 직원들이 지급받는 성과급의 합을 고르면?

① 2,300만 원   ② 2,310만 원   ③ 2,320만 원

④ 2,330만 원   ⑤ 2,340만 원

44 자료, 정보, 지식 중 다음 밑줄 친 형태에 해당하는 용어에 대한 설명으로 적절한 것을 고르면?

> 근로자가 사업주의 구체적인 지시를 위반한 행위 또는 근로자의 사적 행위로 발생한 사고는 업무상 사고로 보지 않는다. 업무상 사고임을 입증하기 위해서는 재해자의 구체적인 직무 및 근로조건, 사망경위, 근무환경, 안전장비 지급여부, 시설물관리현황, 사고발생 장소 및 시간 등을 종합적으로 검토해야 한다. 동료근로자 등 목격자의 진술이 있다면 재해발생경위를 파악하기 더 수월할 것이며, 재해근로자의 사망이 업무상 재해로 인정될 경우 그 유족에게 유족급여와 장의비 등이 지급된다.

① 자료를 일정한 프로그램에 따라 컴퓨터가 처리·가공함으로써 특정한 목적을 달성하는 데 필요하거나 특정한 의미를 가진 것으로 다시 생산된 것이다.

② 정보 작성을 위하여 필요한 데이터를 말하는 것으로, 이는 아직 특정의 목적에 대하여 평가되지 않은 상태의 숫자나 문자들의 단순한 나열을 의미한다.

③ 어떤 대상에 대해 원리적·통일적으로 조직되어 객관적 타당성을 요구할 수 있는 판단의 체계를 제시한다.

④ 특정의 목적을 달성하기 위하여 과학적 또는 이론적으로 추상화되거나 정립되어 있는 일반화된 정보에 해당한다.

⑤ 수신자에게 유의미한 형태로 데이터를 해석 및 가공한 2차 자료로, 사용 목적, 활용 시기와 장소 등에 따라 그 가치가 달라진다.

[45~46] 다음은 원자력 발전소의 운영 현황과 분류 코드의 일부를 나타낸 자료이다. 이를 바탕으로 질문에 답하시오.

호기	위치	용량(만kW)	원자로형	상업운전일
고리#1	부산광역시 기장군	58.7	가압경수로	1978. 4. 29.
고리#2		65.0		1983. 7. 25.
고리#3		95.0		1985. 9. 30.
고리#4		95.0		1986. 4. 29.
신고리#1		100.0		2011. 2. 28.
신고리#2		100.0		2012. 7. 20.
신고리#3	울산광역시 울주군	140.0	신형경수로	2016. 4. 20.
신고리#4		140.0		2017. 2. 20.
월성#1	경북 경주시	67.9	가압중수로	1983. 4. 22.
월성#2		70.0		1997. 7. 1.
월성#3		70.0		1998. 7. 1.
월성#4		70.0		1999. 10. 1.
신월성#1		100.0	가압경수로	2012. 7. 31.
신월성#2		100.0		2015. 7. 24.

행정구역	부산	울산	경북	전남
	20	21	22	23
지역	고리	신고리	월성	신월성
	LAB	LEA	LIX	LAK
호기	1호기	2호기	3호기	4호기
	NA	ND	NJ	NK
용량	60만 미만	60만 이상 80만 미만	80만 이상 100만 미만	100만 이상
	PS	PU	PV	PW
원자로형	가압경수로	신형경수로	가압중수로	신형중수로
	G1365	L4251	D3315	E3457
상업운전일	1970년대	1980년대	1990년대	2000년대 이후
	YS	YE	YN	YO

[원자력 발전소 분류 코드 생성 방법]
'행정구역 → 지역 → 호기 → 용량 → 원자로형 → 상업운전일' 코드를 차례로 나열한다.
㉠ 울산광역시 신고리 3호기는 용량 100만kW 이상의 신형경수로이며, 상업운전일이 2000년대 이후이므로 분류 코드는 21LEANJPWL4251YO가 된다.

110

꿈을 만나는 최신 취업 트렌드, 에듀윌 공기업 월간NCS

45 주어진 자료를 바탕으로 신월성 2호기의 분류 코드를 고르면?

① 22LAKNJPWG1365YO
② 22LAKNDPWG1365YO
③ 22LJXNDPWG1365YO
④ 22NDLAKPWG1365YO
⑤ 22LAKNDPWG1365YN

46 주어진 자료를 바탕으로 분류 코드 20LABNDPUG1365YE에 해당하는 원자력 발전소를 고르면?

① 고리 2호기   ② 고리 3호기   ③ 신고리 2호기
④ 신고리 3호기   ⑤ 신월성 2호기

기술의 의미는 거대한 산의 정상을 보는 것과 같아서 보는 사람의 관점에 따라 서로 다른 정의를 내릴 수 있다. 몇몇 학자들은 기술을 "물리적인 것뿐만 아니라 사회적인 것으로서 지적인 도구를 특정한 목적에 사용하는 지식체계", "인간이 주위환경에 대한 통제를 확대시키는 데 필요한 지식의 적용" 등으로 정의하였다. 또한 일부 학자들은 보다 구체적인 기술의 개념으로 "제품이나 용역을 생산하는 원료, 생산 공정, 생산방법, 자본재 등에 관한 지식의 집합체"라고 정의하기도 하였다.

기술은 노하우(know-how)와 노와이(know-why)로 나눌 수 있는데, know-how란 흔히 특허권을 수반하지 않는 과학자, 엔지니어 등이 가지고 있는 체화된 기술이다. know-why는 어떻게 기술이 성립하고 작용하는가에 관한 원리적 측면에 중심을 둔 개념이다.

이 두 가지 지식은 획득과 전수 방법에 차이가 있다. know-how는 경험적이고 반복적인 행위에 의해 얻어지는 것이며, 이러한 성격의 지식을 흔히 테크닉(technique), 혹은 아트(art)라고 부른다. 반면, know-why는 이론적인 지식으로서 과학적인 탐구에 의해 얻어진다. 기술은 원래 know-how의 개념이 강하였으나 시대가 지남에 따라 know-how와 know-why가 결합하게 되었으며, 현대적 기술은 주로 과학을 기반으로 하는 기술이 되었다. '기술'에 대한 사전적 정의는 '과학이론을 실제로 적용하여 자연의 사물을 인간 생활에 유용하도록 가공하는 수단'이다. 그러면 이렇게 기술을 가능하게 하는 '과학'은 '보편적인 진리나 법칙의 발견을 목적으로 한 체계적인 지식'이다. 이러한 정의에 따르면 과학은 인간이 원하는 방식으로 활용하도록 해주는 상호연관적인 지식들임을 알 수 있다. 이런 까닭으로 기술이 과학의 응용이라고 정의하였다.

한편, 기술능력은 직업에 종사하기 위해 모든 사람들이 필요로 하는 능력이다. 기술능력은 넓은 의미로 확대해 보면 기술교양이라는 개념으로 사용될 수 있으며, 기술교양의 개념을 보다 구체화시킨 개념으로 볼 수 있다. 즉, 기술교양은 모든 사람들이 광범위한 관점에서 기술의 특성, 기술적 행동, 기술의 힘, 기술의 결과에 대해 어느 정도의 지식을 가지는 것을 의미한다. 본질적으로 그것은 실천적 문제를 해결할 수 있는 생산력, 체계, 환경을 설계하고 개발해야 할 때, 비판적 사고를 갖게 되는 것을 포함한다. 즉, 기술교양은 기술을 사용하고 운영하고 이해하는 능력이다. 그러나 기술능력이 뛰어나다는 것이 반드시 직무에서 요구되는 구체적인 기능을 소유하고 있다는 것만을 의미하지는 않는다. 결국 기술능력을 기르기 위해서는 직무의 구체화 기술을 위한 훈련 프로그램을 통해서가 아니라, 전반적인 직업적ㆍ기술적 프로그램을 통해 학습되어야 할 것이다. 각 개인은 구체적인 일련의 장비 중 하나를 '수리하는 사람'으로서 전문가가 될 필요는 없다. 다만, 적절한 체계를 선택하는 데 현명한 의사결정을 할 수 있어야 하며, 효과적으로 그것들을 활용할 수 있어야 한다.

47 주어진 글을 읽고 기술과 기술능력에 대한 설명으로 가장 적절하지 <u>않은</u> 것을 고르면?

① 기술은 하드웨어나 인간에 의해 만들어진 비자연적인 대상 또는 그 이상을 뜻한다.

② 기술교양을 지닌 사람들은 기술체계가 설계되고, 사용되고, 통제되어지는 방법을 이해한다.

③ 기술은 인간의 능력을 확장시키기 위한 하드웨어와 그것의 활용을 의미한다.

④ 기술은 정의 가능한 문제를 해결하기 위해 순서화되고 이해 가능한 노력이다

⑤ 개인이 가진 기술을 더욱 발전시키기 위해서는 OJT를 활용하여 기술교육을 받아야 한다.

48 주어진 글을 읽고 기술능력이 뛰어난 사람의 특징으로 가장 적절하지 <u>않은</u> 것을 고르면?

① 주어진 한계 속에서 제한된 자원을 가지고 일하는 것을 과감하게 거부할 줄 안다.

② 실제적 문제를 해결하기 위해 지식이나 기타 자원을 선택하고 최적화하여 적용한다.

③ 기계를 다루지 않는 금융전문가나 서비스업 종사자에게도 필요한 자질이다.

④ 물리적 기술을 효과적으로 운영할 줄 안다.

⑤ 인식된 문제를 위해 다양한 해결책을 개발하고 평가할 줄 안다.

49 다음 설명에 해당하는 용어를 고르면?

> 아시아 국가들의 사회간접자본 구축을 지원하기 위해 설립된 국제금융기구로, 2013년 10월 중국의 제안을 바탕으로 2014년 10월에 참여희망 21개국이 양해각서를 체결한 다음 2016년 1월 중국 베이징에서 창립총회를 개최하면서 공식 출범하였다. 중국이 설립을 주도하였으며 미국과 일본은 참여하지 않았다.

① APEC   ② AIIB   ③ IBRD
④ ADB   ⑤ OECD

50 다음 글을 읽고 경영자의 역할로 가장 적절하지 <u>않은</u> 것을 고르면?

> 조직의 경영자는 조직의 전략, 관리 및 운영활동을 주관하며, 조직구성원들과 의사결정을 통해 조직이 나아갈 방향을 제시하고 조직의 유지와 발전에 대해 책임을 지는 사람이다. 또한, 조직의 변화방향을 설정하는 리더이자, 조직구성원들이 조직의 목표에 부합된 활동을 할 수 있도록 이를 결합시키고 관리하는 관리자이다.

① 대외 협상을 주도하기 위한 자문위원을 선발한다.
② 외부환경 변화를 주시하며 조직의 변화 방향을 설정한다.
③ 우수한 인재를 뽑기 위한 구체적이고 개선된 채용 기준을 마련한다.
④ 미래전략을 연구하기 위해 기획조정실과의 회의를 주도한다.
⑤ 외국의 유사 기관 기관장 일행의 방문을 맞이하여 업무협약서 체결을 지시한다.

정답 및 해설

정답 및 해설

01	②	02	⑤	03	④	04	①
05	④	06	⑤	07	③	08	⑤

01 의사소통능력(문서작성의 원칙)   정답 | ②

해설 ㉡ 문서를 작성할 때 문장은 긍정문의 형식으로 써야 하며, 부정문이나 의문문의 형식은 되도록 피해야 하므로 적절하지 않다.

㉣ 문서 작성 시 저작권을 고려하여 작성 시 참고한 자료의 위치, 링크 등의 출처를 문서 내에 기입할 수 있지만 별도의 자료로 첨부해야 하는 것은 아니며, 문서의 첨부자료는 반드시 필요한 자료 외에는 첨부하지 않아야 하므로 적절하지 않다.

02 문단 배열   정답 | ⑤

해설 이 글은 경기도일자리재단이 전국 최초로 시행하고 있는 설문조사와 숙의토론회로 이루어진 공론화 조사에 대해 설명하는 글이다. 따라서 '(라) 경기도일자리재단이 진행할 예정인 숙의토론회와 2020년에 시행된 1차 공론화 조사 – (마) 2021년에 시행된 2차 여론조사 결과에 따라 진행될 숙의토론회 – (나) 1, 2차 여론조사와 1차 숙의토론회에 따른 경기도 청년정책에 대한 결과 – (가) 경기도 청년정책에 만족하는 이유 – (다) 공론화의 장을 지속적으로 마련하겠다는 경기도일자리재단 대표이사의 계획' 순으로 배열되어야 한다.

03 추론   정답 | ④

해설 2문단에서 스마트폰 중독 증상 중 금단은 스마트폰을 가지고 있지 않을 때 느끼는 불안, 초조와 같은 증상을 나타내며, 내성은 스마트폰을 의도한 것보다 더 많은 시간 동안 사용하지만 이로 인한 만족감은 점점 줄어드는 상태를 말한다고 하였으므로 적절하지 않다.

| 오답풀이 |

① 2문단에서 충동을 조절하는 기능은 대뇌 중에서도 전두엽에서 이루어지는 기능으로, 뇌 기능에 대한 여러 영상

학적 연구들을 통해 인터넷 중독을 포함한 여러 행위 중독에서 전두엽 기능 저하 소견이 보고되고 있다고 하였다는 점에서 특정 행위에 중독된 자는 대뇌의 전두엽에서 수행하는 충동 조절 기능이 저하된 것으로 분석됨을 추론할 수 있으므로 적절하다.

② 1문단에서 스마트폰의 무분별한 사용에 대한 우려의 목소리가 높아지고 있는데, 특히 자기 통제력이 미숙한 청소년들에게는 부모와의 주요한 갈등 요인이 되고 있다고 하였으므로 적절하다.

③ 4문단에서 스마트폰은 사용자 스스로도 자신이 얼마나 사용하고 있는지 점검하기가 어렵고 사용량을 조절하기도 어려워 중독성이 강력하다고 하였으므로 적절하다.

⑤ 3문단에서 스마트폰 중독은 인터넷 중독의 범주 안에 들어간다고 볼 수 있는데, 인터넷 중독과 스마트폰 중독은 사용 동기 면에서 즐거움 추구, 외로움을 달래기 위한 수단, 대인관계 유지라는 중요한 공통점이 있지만 기능적 특성에 따라 스마트폰 중독만의 다른 특징들도 나타난다고 하였다는 점에서 인터넷 중독의 범주에 포함되는 모든 중독이 항상 동일한 특성을 나타내는 것은 아님을 추론할 수 있으므로 적절하다.

04 어법   정답 | ①

해설 ㉠ '잎'은 [입]으로 발음 받침의 'ㅍ'이 'ㅂ'으로 발음되고, '부엌'은 [부억]으로 발음 받침의 'ㅋ'이 'ㄱ'으로 발음되는 음절의 끝소리 규칙 현상의 사례이므로 음운 변동 중 교체에 해당한다.

㉡ '쌓이다'는 [싸이다]로 발음 받침의 'ㅎ'이 탈락한 'ㅎ' 탈락 현상의 사례이고, '따님'은 '딸'과 '님'이 결합하며 'ㄹ'이 탈락한 'ㄹ' 탈락 현상의 사례이므로 음운 변동 중 탈락에 해당한다.

㉢ '한여름'은 [한녀름]으로 발음되고, '솜이불'은 '솜니불'로 발음되는 'ㄴ' 첨가 현상의 사례이므로 음운 변동 중 첨가에 해당한다.

㉣ '잡히다'는 [자피다]로 받침의 'ㅂ'과 'ㅎ'이 만나 거센소리인 'ㅍ'으로 변화하였고, '놓다'는 [노타]로 받침의 'ㅎ'과 'ㄷ'이 만나 거센소리인 'ㅌ'으로 변화한 거센소리되기 현상의 사례이므로 음운 변동 중 축약에 해당한다.

05 추론   정답 | ④

해설 3문단에서 비보호 좌회전 교차로에서 적색 신호 시 좌회전할 경우 신호위반에 해당한다고 하였으

며, 녹색 신호 시에는 좌측 도로의 횡단보도 보행자 신호도 동시에 켜지는 경우가 있어 주의해야 한다고 하였으므로 비보호 좌회전 시 직진 신호에 좌회전할 때 좌측 도로의 횡단보도가 녹색일 경우 신호위반에 해당하지 않는다.

| 오답풀이 |

① 4문단에서 비보호 겸용 좌회전 구간은 좌회전 신호가 켜졌을 때만 좌회전을 할 수 있는 교차로에서 직진 신호일 때 좌회전을 할 수 있는 비보호 좌회전 방식을 추가한 것이라고 하였다는 점에서 좌회전 신호가 켜졌을 때 좌회전할 수 있는 교차로라도 비보호 좌회전이 가능할 수 있음을 추론할 수 있으므로 적절하다.

② 1문단에서 비보호 좌회전은 주로 시간당 좌회전 교통량이 많지 않은 교차로에 설정한다고 하였다는 점에서 비보호 좌회전 신호가 허용되는 교차로는 그렇지 않은 교차로보다 좌회전하는 차량이 적을 것임을 추론할 수 있으므로 적절하다.

③ 2문단에서 비보호 좌회전에서 '비보호'란 해당 구간에서 사고가 발생할 경우 법적으로 보호를 받지 못한다는 의미라고 하였으며, 3문단에서 신호등이 녹색이더라도 비보호 좌회전 도중 사고가 발생한 경우에 좌회전 중인 차량에 더 큰 과실이 책정된다고 하였다는 점에서 직진 신호에 비보호 좌회전하는 차량과 좌측 도로에서 우회전하는 차량이 충돌하면 좌회전 차량의 책임이 더 크게 책정됨을 추론할 수 있으므로 적절하다.

⑤ 5문단에서 비보호 유턴은 아무런 보조 표시가 없으며 전방 신호등의 색깔과 상관없이 자유롭게 유턴할 수 있다고 하였으므로 적절하다.

06 문단 배열　　　　　　　　　　　　정답 | ⑤

해설 이 글은 인공지능 기술의 수준을 결정하는 하드웨어인 반도체에 대해 전반적으로 서술하고 있다. [보기]는 PIM이 메모리반도체에서 시스템반도체로 데이터를 불러오는 과정을 단축하거나 없애는 장점이 있다는 내용이므로 이와 반대되는 내용으로 메모리에서 데이터를 불러오는 속도가 시스템반도체의 성능을 따라가지 못하는 폰 노이만 구조의 한계에 대해 언급하고 있는 (마) 문단 뒤에 오는 것이 가장 적절하다.

07 내용 일치　　　　　　　　　　　　정답 | ③

해설 3문단에서 저작자 표시(BY)는 저작자 이름, 출처 등 저작자에 대한 사항을 반드시 표시해야 함을 의미한다고 하였으며, [표]에 따르면 6가지의 CCL 라이선스에 모두 저작자 표시(BY)가 포함되므로 적절하다.

| 오답풀이 |

① [표]에서 '저작자 표시-변경 금지'는 저작물을 변경하거나 저작물을 이용하여 새롭게 2차적 저작물을 제작하는 것을 금지하며, 2차적 저작물에는 번역, 편곡, 변형, 각색, 영상제작 등이 포함된다고 하였으므로 적절하지 않다.

② 3문단에서 CCL 라이선스 유형이 크게 저작자 표시, 비영리, 변경 금지, 동일 조건 변경 허락의 네 가지로 구분되는 것이며, CCL 라이선스 유형을 기반으로 한 자유 이용 허락 표시는 6가지로 분류된다고 하였으므로 적절하지 않다.

④ 1문단에서 저작권자가 CCL 라이선스를 저작물에 첨부하고 이용자가 이를 확인하면 저작권자와 이용자 사이에 별다른 접촉을 통하지 않더라도 이용 허락의 법률관계가 발생한다고 하였으므로 적절하지 않다.

⑤ 2문단에서 CCL은 미국에서 설립된 'Creative Commons'라는 비영리 기구가 2001년에 제안하였고, 우리나라는 사단법인 한국정보법학회가 국내법에 맞는 CCL 규약을 개발해 발표하고 있다고 하였으므로 적절하지 않다.

08 추론　　　　　　　　　　　　　　정답 | ⑤

해설 4문단에서 수소연료전지차는 수소와 공기 중의 산소를 반응시켜 얻은 전기를 이용해 모터를 구동하는 방식으로, 엔진이 없어 배기가스 및 오염물질을 배출하지 않는다고 하였다는 점에서 수소연료전지차는 수소와 산소의 반응으로 생산된 전기가 모터를 구동하기 때문에 엔진이 탑재되지 않음을 추론할 수 있으므로 적절하다.

| 오답풀이 |

① 3문단에서 고분자전해질 연료전지가 100℃ 미만의 저온에서도 작동한다고 하였을 뿐, 용융탄산염 연료전지의 작동 온도는 주어진 글을 통해 알 수 없으므로 적절하지 않다.

② 1문단에서 연료전지는 외부에서 지속적으로 연료와 산소를 공급받아야 화학반응을 통해 전기를 공급한다고 하였다는 점에서 연료전지는 전지 내에 미리 채워놓은 화학물질만으로는 전기를 공급할 수 없음을 추론할 수 있으므로 적절하지 않다.

③ 2문단에서 아노드에서 산화작용이 일어나면서 (+) 전기를 띄는 수소이온과 전자를 방출하면, 발생된 전자가 외

부의 도선을 통해 아노드에서 캐소드로 이동하면서 직류 전류가 발생한다고 하였다는 점에서 아노드와 캐소드를 연결하는 외부 도선을 이동하는 것은 수소이온이 아닌 아노드에서 발생된 전자임을 추론할 수 있으므로 적절하지 않다.

④ 3문단에서 메탄올 연료전지는 연료의 특성을 따서 이름 붙인 연료전지라고 하였다는 점에서 메탄올은 연료전지의 연료에 해당함을 추론할 수 있다. 또한, 2문단에서 양이온이 연료전지의 두 극인 아노드와 캐소드 사이에서 이동이 가능하게 하는 역할을 하는 것은 전해질이라고 하였다는 점에서 메탄올 연료전지에서 메탄올은 전지의 두 극 사이에서 양이온의 이동을 가능하도록 하는 것은 아님을 추론할 수 있으므로 적절하지 않다.

NCS 영역별 최신기출_수리능력   P. 51

01	④	02	⑤	03	①	04	③
05	④	06	①	07	⑤	08	⑤

01 응용계산(사칙연산)   정답 | ④

해설 6~7번 문제 외에는 배점이 모두 10점이므로 6~7번 문제 중 하나를 맞힐 경우 총점의 일의 자리가 5가 되며, 6~7번 문제를 모두 맞히거나 틀렸다면 총점의 일의 자리는 0이 된다. 을과 병의 총점은 일의 자리가 0이며, 두 사람의 6~7번 문제의 답안이 서로 다르다. 이를 통해 을과 병 중 한 사람이 6~7번 문제를 모두 맞혔고, 다른 한 사람은 둘 다 틀린 것임을 알 수 있다. 6~7번 문제는 각 25점이기 때문에 두 문제를 다 맞힐 경우 50점이어야 하는데, 병의 총점이 30점이므로 을이 6~7번 문제를 모두 맞힌 것을 알 수 있다. 그러므로 6~7번 문제의 정답은 모두 B가 된다.
이에 따라 1~5번 문제에서 을은 20점, 병은 30점을 얻어야 하므로 을과 병의 답안이 다른 1번 문제에서 점수 차가 생긴 것이 된다. 1~5번 문제에서는 병이 한 문제를 더 맞혔으므로 1번 문제는 병이 답한 B가 정답이 된다.
1번 문제와 6번 문제를 틀리고 7번 문제를 맞힌 갑은 2~5번 문제를 모두 맞혀야 총점이 65점이 되므로 2~5번 문제의 정답은 갑의 답안과 같이 각각 B, A, A, B가 된다.

따라서 1~7번 문제의 정답을 차례대로 바르게 나열하면 B, B, A, A, B, B, B가 된다.

02 응용계산(경우의 수)   정답 | ⑤

해설 서로 다른 n개에서 순서를 고려하지 않고 r개를 택하는 경우의 수는 $\dfrac{n!}{r! \times (n-r)}$임을 고려하여 문제를 푼다.
SUV에는 7명이 탑승할 수 있으므로, 세단에 1명, 2명, 3명이 탑승하는 경우의 수만 고려하면 된다. 각각의 경우를 구분하여 계산하면 다음과 같다.
ⅰ) 세단에 1명이 탑승할 경우: $\dfrac{8!}{1! \times 7!} = 8$(가지)
ⅱ) 세단에 2명이 탑승할 경우: $\dfrac{8!}{2! \times 6!} = 28$(가지)
ⅲ) 세단에 3명이 탑승할 경우: $\dfrac{8!}{3! \times 5!} = 56$(가지)
따라서 8명이 2대의 차량에 나누어 탈 수 있는 경우의 수는 총 $8 + 28 + 56 = 92$(가지)이다.

03 응용계산(수추리)   정답 | ①

해설 제시된 숫자는 왼쪽 네모 칸의 숫자의 각 자릿수를 모두 더한 값이 오른쪽 네모 칸에 나오는 규칙을 가지고 있다.
따라서 빈칸에 들어갈 알맞은 숫자는 348의 각 자릿수를 모두 더한 $3 + 4 + 8 = 15$이다.

04 응용계산(방정식)   정답 | ③

해설 지난달 KF80 마스크의 생산량을 A, KF94 마스크의 생산량을 B라고 하면 다음과 같은 식을 세울 수 있다.
A+B=50,000   … ㉠
$(1-0.04) \times A + (1+0.15) \times B = 51,800$ … ㉡
㉠과 ㉡을 연립하여 풀면 A=30,000개, B=20,000개가 된다.
따라서 이번 달에 생산한 KF94 마스크의 개수는 $20,000 \times 1.15 = 23,000$(개)이다.

05 응용계산(최소공배수)   정답 | ④

해설 A, B, C열차가 모든 정차역을 거친 후 H역으로 돌아오기까지의 운행 시간은 다음과 같다.
A열차: $50 \times 2 \times 2 = 200$(분)

B열차: $32 \times 2 \times 2.5 = 160$(분)

C열차: $20 \times 2 \times 3 = 120$(분)

이때 A, B, C열차 운행 시간의 최소공배수는 2,400분이므로 A, B, C열차는 H역에서 동시에 출발하고 2,400분 뒤에 다시 H역에서 동시에 출발할 수 있다.

따라서 세 열차가 다시 H역에서 동시에 출발하기 위해서는 B열차가 $2,400 \div 160 = 15$(바퀴)를 돌아야 한다.

06 자료계산
정답 | ①

해설 2016년 전년 대비 쌀 재배면적 증가율은 $\frac{779-799}{799} \times 100 = -2.5(\%)$이고, 소수점 아래 첫째 자리에서 버리면 -2%이므로 2022년 예상되는 쌀 재배면적은 2021년보다 2% 감소한 $732 \times (1-0.02) = 717.36$(ha)이다.

이때 $1\text{ha} = 10,000\text{m}^2$이므로 $717.36\text{ha} = 7,173,600\text{m}^2$이다.

2021년 전년 대비 쌀 생산량의 증가량은 $3,882 - 3,507 = 375$(천 톤)이므로 2022년 예상되는 쌀 생산량은 2021년보다 375천 톤 증가한 $3,882 + 375 = 4,257$(천 톤)이므로 4,257천 톤 $= 4,257,000$톤이다.

따라서 2022년 예상되는 1m^2당 쌀 생산량은 $\frac{4,257,000}{7,173,600} = 0.6$(톤/m²)이다.

07 자료이해
정답 | ⑤

해설 ㉠ 2021년 재배면적은 73만 2천 ha로 2020년 재배면적 72만 6천 ha보다 $\frac{732,000-726,000}{726,000} \times 100 = 0.8(\%)$ 증가하였으므로 옳다.

㉡ 2021년 쌀 생산량은 388만 2천 톤으로 2020년 쌀 생산량 350만 7천 톤 대비 $\frac{3,882,000-3,507,000}{3,507,000} \times 100 = 10.7(\%)$ 증가하였으므로 옳다.

㉢ 2021년 1ha당 쌀 생산량은 $\frac{3,882,000\text{톤}}{732,000\text{ha}} = 5.30$(톤)이므로 옳다.

따라서 주어진 자료를 고려하였을 때 옳은 설명은 ㉠, ㉡, ㉢이다.

08 자료이해
정답 | ⑤

해설 불합격률이 가장 높다는 것은 합격률이 가장 낮다는 것과 동일한 의미임을 염두에 두고 문제를 푼다. 2018년 조리기능사 필기시험 합격률은 한식이 $36,808 \div 83,697 \times 100 = 44.0(\%)$, 양식이 $10,457 \div 26,804 \times 100 = 39.0(\%)$, 중식이 $2,392 \div 5,863 \times 100 = 40.8(\%)$이고, 2019년 조리기능사 필기시험 합격률은 한식이 $38,388 \div 83,109 \times 100 = 46.2(\%)$, 양식이 $12,827 \div 30,657 \times 100 = 41.8(\%)$, 중식이 $4,657 \div 9,717 \times 100 = 47.9(\%)$이다. 따라서 한식, 양식, 중식 분야 중 2018년과 2019년 모두 조리기능사 필기시험 불합격률이 가장 높은 분야는 두 해에 각각 39.0%와 41.8%로 가장 낮은 합격률을 보인 양식이므로 옳다.

| 오답풀이 |

① 한식 조리기능사 필기시험의 응시자는 2018년 83,697명에서 2019년 83,109명으로 감소하였으므로 옳지 않다.

② 2019년의 전년 대비 조리기능사 필기시험 합격자 증가 인원은 한식이 $38,388-36,808 = 1,580$(명), 일식이 $3,098-1,893 = 1,205$(명), 중식이 $4,657-2,392 = 2,265$(명)으로 일식이 가장 적으므로 옳지 않다.

③ 조리기능사 필기시험 응시자 중 양식 조리기능사가 차지하는 비중은 2018년에 $26,804 \div 120,029 \times 100 = 22.3(\%)$이고, 2019년에는 $30,657 \div 128,820 \times 100 = 23.8(\%)$로 전년 대비 증가하였으므로 옳지 않다.

④ 2019년 조리기능사 필기시험 합격률은 한식이 $38,388 \div 83,109 \times 100 = 46.2(\%)$, 양식이 $12,827 \div 30,657 \times 100 = 41.8(\%)$, 일식이 $3,098 \div 5,337 \times 100 = 58.0(\%)$, 중식이 $4,657 \div 9,717 \times 100 = 47.9(\%)$로 양식의 조리기능사 필기시험 합격률이 45% 미만이므로 옳지 않다.

NCS 영역별 최신기출_문제해결능력
P. 57

| 01 | ② | 02 | ② | 03 | ③ | 04 | ② |
| 05 | ⑤ | 06 | ② | 07 | ④ | | |

01 문제해결능력
정답 | ②

해설 문제해결을 위해서는 전략적 사고, 분석적 사고, 발상의 전환, 내·외부자원 활용에 해당하는

4가지 기본적 사고가 필요하다. 제시글에서 장 과장은 L사가 M사보다 판매율과 인지도가 낮은 이유를 분석하여 구체적인 문제해결 방법을 도출하는 '분석적 사고'를 하고 있다.

02 문제해결능력(문제의 유형)   정답 | ②

해설 탐색형 문제는 실제로 문제가 발생하지 않았으나 지금의 성과 수준에 불만을 가지고 더 높은 수준을 갈망하여 의식적으로 만들어진 문제로, 문제의 전체 구조를 파악하고 근원적인 해결책을 체계적으로 모색·추진할 수 있게 된다.
ㄱ) 작업자의 품질에 문제가 있지 않지만 스스로 품질을 더 높은 수준으로 끌어올리기 위한 '탐색형 문제'에 해당한다.
ㅁ) 현업 부서의 성과 수준에 불만을 가지고 업무 생산성을 높이기 위한 '탐색형 문제'에 해당한다.

| 오답풀이 |

ㄴ, ㄷ '발생형 문제'에 해당한다.
ㄹ '설정형 문제'에 해당한다.

03 진실과 거짓   정답 | ③

해설 갑~을 다섯 명 중 한 명이 거짓을 말하고 있다고 하였으므로 갑~을의 진술이 한 명씩 거짓인 경우를 고려해보면 다음과 같다.
ⅰ) 갑이 거짓을 말하고 있는 경우
거짓을 말하는 사람의 진술에는 진실이 포함되어 있지 않으므로 B사 휴대폰을 사용하고 있는 신입사원은 '갑'과 '병'이다. 이 경우 진실을 말하고 있는 '정'도 본인이 B사 휴대폰을 사용하고 있다고 하였으므로 B사 휴대폰을 사용하는 신입사원이 2명을 초과하여 모순이다.
ⅱ) 을이 거짓을 말하고 있는 경우
거짓을 말하는 사람의 말에는 진실이 포함되어 있지 않으므로 B사 휴대폰을 사용하고 있는 신입사원은 '병'과 '무'이다. 이 경우 '정'도 본인이 B사 휴대폰을 사용하고 있다고 하였으므로 B사 휴대폰을 사용하는 신입사원이 2명을 초과하여 모순이다.
ⅲ) 병이 거짓을 말하고 있는 경우
거짓을 말하는 사람의 말에는 진실이 포함되어 있지 않으므로 '갑'과 '병'은 서로 다른 회사에서 만든 휴대폰을 사용한다. 이 경우 진실을 말하고 있는 '갑'의 '갑'과 '병' 모두 A사 휴대폰을 사용하고 있다는

진술이 모순된다.
ⅳ) 정이 거짓을 말하고 있는 경우
거짓을 말하는 사람의 말에는 진실이 포함되어 있지 않으므로 '정'은 A사 휴대폰을 사용하고 있다. 이 경우 거짓을 말하고 있는 사람은 B사 휴대폰을 사용하고 있다는 '무'의 진술이 모순된다.
ⅴ) 무가 거짓을 말하고 있는 경우
거짓을 말하고 있는 '무'의 진술을 제외하고 갑~정의 진술을 고려하면 B사 휴대폰을 사용하는 신입사원은 '을'과 '정'이고, 거짓을 말하고 있는 '무'는 이미 A사 휴대폰을 사용하고 있으므로 '무'의 말이 거짓이 되어 모순이 없다.

신입사원	갑	을	병	정	무
진술	진실	진실	진실	진실	거짓
휴대폰	A사	B사	A사	B사	A사

따라서 B사 휴대폰을 사용하고 있는 신입사원은 '을'과 '정'이다.

| 풀이 Tip |

진실과 거짓을 찾는 문제에서 정보만으로 압축이 어렵다면, 시간이 조금 더 걸리더라도 진술이 한 명씩 거짓인 경우의 수를 따져봐야 한다.

04 문제처리능력   정답 | ②

해설 RY, Ry, rY, ry 4종류의 생식세포가 수정할 때 생성되는 완두콩의 유전자형은 다음과 같다.

구분	RY	Ry	rY	ry
RY	RRYY	RRYy	RrYY	RrYy
Ry	RRYy	RRyy	RrYy	Rryy
rY	RrYY	RrYy	rrYY	rrYy
ry	RrYy	Rryy	rrYy	rryy

따라서 둥글고 황색인 완두콩의 생성 확률은 $\frac{9}{16}$이고, 주름지고 녹색인 완두콩의 생성 확률은 $\frac{1}{16}$이므로 두 확률의 차는 $\frac{9}{16}-\frac{1}{16}=\frac{8}{16}=\frac{1}{2}$이다.

05 문제처리능력   정답 | ⑤

해설 국민건강보험환자는 1, 2, 3차 의료기관에서 발급한 요양급여의뢰서(진료의뢰서)가 있는 경우 국

민건강보험 혜택을 받을 수 있다.

| 오답풀이 |

① [STEP 1]에 따르면 자동차보험 환자는 자동차보험을 적용받아 요양급여의뢰서가 필요 없다고 하였으므로 자동차보험을 적용받는 경우 국민건강보험 또는 의료급여를 적용받지 않는다.
② [STEP 1]에 따르면 의료급여환자는 2차 의료기관 이상에서 발급한 의료급여의뢰서를 제출하여야 의료급여혜택을 받을 수 있으므로 옳지 않다.
③ [STEP 1]에 따르면 서류 미지참 시 진료는 가능하지만 건강보험/의료급여 적용이 불가능하며, 차후 서류를 제출하여 접수한 시점부터 건강보험/의료급여 적용이 가능하고 소급적용은 불가능하다고 하였으므로 옳지 않다.
④ [STEP 1]에 따르면 의료급여환자는 응급환자/분만환자/희귀난치성질환자/중증질환자/장애인보장구신청자인 경우에 의료급여의뢰서 없이 의료급여혜택을 받을 수 있으므로 옳지 않다.

06 문제처리능력   정답 | ②

해설 [STEP 6]에 따르면 원외처방이 있는 경우 처방전 발행기에서 원외처방전을 받아 외부약국에서 약을 구입해야 하나, 원내처방이 있는 경우 약국의 전광판에 안내된 번호에 따라 접수창구 앞에 위치한 원내약국에서 약 수령해야 하며 직접 처방전 발행기에서 처방전을 받아야 하는 것은 아니므로 옳지 않다.

| 오답풀이 |

① [STEP 5]에 따르면 주사약과 특수검사예약이 없는 진료비 하이패스 이용 환자는 수납창구를 방문하지 않고 귀가해도 등록된 신용카드 정보로 일괄 수납 후 결제 내역이 문자 발송되므로 옳다.
③ [STEP 6]에 따르면 검사처방이 있거나 주사처방이 있는 경우 접수창구에서 수납한 후 해당 검사실/주사실에서 진료비영수증을 제시하고 검사받거나 주사를 맞으므로 옳다.
④ [STEP 4]에 따르면 영상 자료는 본관 1층 1번 창구, 소아동 1층 접수창구, 암센터 1층 접수창구, 본관 1층 안내데스크 옆 CD등록기를 이용해야 하므로 옳다.
⑤ [STEP 3]에 따르면 진료 당일 내원한 신환 및 초진환자는 진료 예약 여부와 관계없이 본관 1층 진료협력센터나 1번 창구에 진료의뢰서와 신분증을 제출해야 하므로 옳다.

07 문제처리능력   정답 | ④

해설 각 쇼핑몰의 항목별 점수를 환산하여 합산하면 다음과 같다.

[표] 각 쇼핑몰의 항목별 점수   (단위: 점)

쇼핑몰	배송지 거리	제품 가격	평판	상담원 응대	A/S 수준	합계
A	3	5	1	5	3	17
B	1	4	5	4	1	15
C	5	1	2	2	4	14
D	4	2	3	3	5	17
E	2	3	4	1	2	12

④ A쇼핑몰과 D쇼핑몰의 합계 점수가 17점으로 가장 높지만 A쇼핑몰의 평판 점수가 최하위이기 때문에 D쇼핑몰이 최종 선정되므로 옳지 않다.

| 오답풀이 |

① 상담원 응대 점수가 1점으로 가장 낮은 E쇼핑몰의 순위 합계 점수가 12점으로 가장 낮으므로 옳다.
② A쇼핑몰과 D쇼핑몰의 순위 점수의 합계가 17점으로 동일하므로 옳다.
③ C쇼핑몰의 제품 가격이 9만 원이 되면 제품 가격 항목에서 5점을 받아 순위 합계 점수가 5+5+2+2+4=18(점)으로 가장 커져 최종 선정될 것이므로 옳다.
⑤ B쇼핑몰은 배송지 거리와 A/S 수준 항목에서 1점을 받았으므로 옳다.

NCS 영역별 최신기출_그 외 영역   P. 63

| 01 | ② | 02 | ④ | 03 | ② | 04 | ③ |
| 05 | ① | 06 | ⑤ | 07 | ① | | |

01 인적자원관리능력   정답 | ②

해설 A: 잠재력 있는 인재를 유치하고 핵심 인력 풀의 강화를 통한 생산성 향상에 기여함으로써 소수 정예화를 통한 탄력적 인력 구조를 갖추어 나가는 'Inflow' 측면에 해당한다.
B: 우수한 인재의 이직을 저지하고 저성과자 또는 문제 사원들에게 분명한 피드백을 전달하여 조직의 신진대사를 원활히 하고 건전한 긴장감을 유지함으로써 조직의 활력을 불어 넣는 'Out-flow' 측면에 해당한다.

C: 높은 성과를 창출할 수 있도록 구성원들의 역량을 개발하고 활용도를 높이는 'Process' 측면에 해당한다.

따라서 빈칸 A~C에 들어갈 요소를 바르게 짝지은 것은 ②이다.

02 시간관리능력   정답 | ④

해설 10월 9일이 토요일이므로 10월 8일은 금요일이다. 월요일이 대체공휴일이고, 3일을 쉰다고 하였으므로 토, 일, 월을 쉬는 것이고, 금요일에는 근무를 한다. 따라서 10월 8일 오후 7시 이후 비행편부터 탑승할 수 있다. 대만은 가지 않기로 하였으므로 그 이후의 비행편만 고려한다. 베트남은 10월 8일 22시 40분에 출발하고 5시간이 소요되므로 한국 시간을 기준으로 베트남에 10월 9일 새벽 3시 40분에 도착하는데, 베트남은 한국보다 2시간이 느리므로 도착지 기준 10월 9일 새벽 1시 40분에 도착한다. 그러므로 첫 번째 베트남행 비행기는 탑승하지 않는다. 싱가포르는 10월 8일 23시 30분에 출발하고 6시간 30분이 소요되므로 한국 시간을 기준으로 싱가포르에 10월 9일 오전 6시에 도착하는데, 싱가포르는 한국보다 1시간이 느리므로 도착지 기준 10월 9일 오전 5시에 도착한다. 도착지 기준으로 오전 5시에서 오후 12시 사이에 도착하는 비행편에 탑승한다고 하였고, 왕복 항공료도 100만 원 이하이다. 또한, 가장 빠른 비행편으로 예매한다고 하였으므로 모든 조건에 부합하는 여행지이다.

따라서 수정이와 지은이가 가게 될 여행지는 싱가포르이다.

03 컴퓨터활용능력   정답 | ②

해설 '갑'의 사번 앞 4자리를 구하기 위해서는 문자열의 지정한 위치에서 지정한 개수 만큼에 해당하는 문자를 구할 때 사용하는 MID 함수를 사용하는 것이 적절하다. MID 함수의 입력식은 '=MID(텍스트 또는 셀 번호,시작 위치,가져올 텍스트 개수)'와 같이 표시하므로 옳다.

| 오답풀이 |

① 최빈값을 구하기 위해서는 MODE 함수를 사용해야 하며, MOD 함수는 나눗셈의 나머지를 구할 때 사용하는 함수이므로 옳지 않다.

③ 가장 큰 값을 구하기 위해서는 MAX 함수를 사용해야

하므로 옳지 않다.

④ 순위를 구하기 위해서는 RANK 함수를 사용해야 하므로 옳지 않다.

⑤ 조건에 만족하는 셀의 평균값을 구하기 위해서는 AVERAGEIF 함수를 사용해야 하므로 옳지 않다.

04 경영이해능력(STP 전략)   정답 | ③

해설 STP 전략은 일정한 기준에 따라 전체 시장을 구분하고 특정 시장을 타깃으로 시장세분화(Segmentation), 목표시장 설정(Targeting), 포지셔닝(Positioning)의 세 단계로 이루어진다. STP 전략의 단계별 특징은 다음과 같다.

구분	목적 및 대상	관점
시장 세분화 (Segmentation)	• 동일한 제품이나 서비스에 대해 유사한 욕구를 갖는 그룹	• 시장 세분화를 위한 차원을 식별함 • 세분화된 시장의 특성을 도출함
목표시장 설정 (Targeting)	• 세분화된 시장에서 기업의 주력시장 분야 • 고객을 정의하는 과정	• 세분화된 시장의 매력도 측정 • 시장의 매력도와 자사의 경쟁력을 종합적으로 고려하여 선정
포지셔닝 (Positioning)	• 고객의 인식 체계 속에서의 기업 이미지	• 표적시장 포지셔닝 분석 및 전략 도출

③ STP 전략은 전체 시장을 세분화하고 특정 시장을 타깃으로 하여 고객에게 타사와 차별화되는 자사 제품과 서비스의 이미지를 각인시킨다. 이로 인해 STP 전략은 불특정 다수를 대상으로 하는 매스 마케팅보다 수요가 적은 편에 속하며 생산 및 마케팅의 비용 대비 효율성이 낮으므로 적절하지 않다.

05 국제감각   정답 | ①

해설 라틴아메리카나 동부 유럽, 아랍 지역에서는 시간 약속을 형식적으로 생각하여 늦더라도 상대가 당연히 기다려줄 것이라고 여기므로 적절하지 않다.

| 오답풀이 |

② 일본에서는 식사할 때 젓가락만 사용하는 경우가 많으므로 밥그릇과 국그릇은 손에 들고 먹는다. 또한, 일본은 장례식에서 유골을 젓가락으로 집어서 옮기는 풍습이 있는데, 음식을 젓가락으로 주고받는 것이 유골을 옮기는 동작을 연상시켜 식사할 때 음식을 젓가락으로 절대 주고받지 않는다.

③ 미국은 특히 개인의 프라이버시를 중요하게 여기는 나라 이므로 처음 만나는 사람에게 나이, 종교, 직업, 결혼 여부 등 사적인 질문은 자제하는 것이 바람직하다.

④ 러시아에서는 꽃을 선물할 때 꽃송이를 홀수로 맞춰야 한 다. 짝수의 꽃은 장례식에서 헌화용으로 사용되며, 노란 색 꽃과 흰색 꽃은 장례식에서 주로 사용되는 꽃이므로 되도록 선물하지 않는다.

⑤ 태국에서는 서로 인사를 할 때 기도하는 자세와 같이 두 손을 모아 합장한 자세로 'Wai'라는 말과 함께 목례를 하는 합장 인사법이 일반적인 인사법이다.

06 체제이해능력
정답 | ⑤

해설 일반적으로 출입증이나 사원증 등에는 인적 사항이 내장되어 있기 때문에 인사부의 협조가 필요 하며, 패용을 위한 출입증 제작 실무는 총무부의 관 할하에 이루어지므로 출입증 준비 여부의 확인을 위 해 기획부에 협조를 구하는 것은 적절하지 않다.

| 오답풀이 |
① 사장의 일정 파악은 비서실을 통해 확인해야 하는 업무이 므로 적절하다.
② 판매 계약서의 준비는 판매 및 구매에 관한 업무를 담당 하는 영업부에 협조를 구해야 하는 업무이므로 적절하다.
③ 회사 차량 관리와 배차는 총무부에 협조를 구해야 하는 업무이므로 적절하다.
④ 교육 프로그램 준비는 인사부에 협조를 구해야 하는 업무 이므로 적절하다.

07 체제이해능력
정답 | ①

해설 주어진 설명에 따라 두루누리 사회보험이 적용 되는 직장의 사업주와 월 임금이 200만 원인 근로자 가 부담하는 보험료를 다음과 같이 정리할 수 있다.

구분	사업주	근로자
국민연금보험료 (월)	200만 원×4.5%=9만 원	200만 원×4.5%=9만 원
고용보험료 (월)	200만 원×1.05%=2.1만 원	200만 원×0.8%=1.6만 원
두루누리 사회보험 지원금(월)	국민연금: 9만 원×80%=7.2만 원 고용보험: 2.1만 원×80%=1.68만 원	국민연금: 9만 원×80%=7.2만 원 고용보험: 1.6만 원×80%=1.28만 원
사업주/근로자 부담금(연)	(11.1만 원−8.88만 원)×12 =266,400원	(10.6만 원−8.48만 원)×12 =254,400원

따라서 월 임금이 200만 원인 근로자의 연간 국민연 금보험료와 고용보험료 부담금의 합계액은 254,400 원이다.

P. 70

01	⑤	02	④	03	③	04	②	05	③
06	④	07	③	08	⑤	09	②	10	③
11	③	12	①	13	⑤	14	①	15	④
16	④	17	②	18	④	19	②	20	④
21	②	22	⑤	23	⑤	24	②	25	⑤
26	⑤	27	①	28	③	29	⑤	30	④
31	④	32	③	33	⑤	34	④	35	④
36	④	37	①	38	⑤	39	④	40	②
41	②	42	④	43	④	44	②	45	④
46	①	47	⑤	48	①	49	②	50	④

01 중심 문장 찾기 정답 | ⑤

해설 이 글은 20세기 들어 서양 미술에서 추상 회화의 경향이 두드러지게 나타났다는 점을 언급하고, 음악에 비유하여 추상 회화의 특징과 그 의의를 설명하는 내용이므로 밑줄 친 ㉠~㉤ 중 이 글의 중심 문장으로 가장 적절한 것은 ㉤이다.

| 오답풀이 |
① 화제를 제시하는 문장이므로 중심 문장으로는 적절하지 않다.
②, ③, ④ 중심 문장을 뒷받침하는 문장이므로 글 전체를 포괄할 수 없어 중심 문장으로는 적절하지 않다.

| 풀이 TIP |
제시글의 중심 문장은 뒷받침 문장을 포함한 전체 내용을 포괄할 수 있어야 한다. 또한, 중심 문장은 내용이 분명하고 범위가 주제로 한정되어야 하며, 의문문이나 부정문으로 기술되는 경우는 드물다는 점을 염두에 두고 중심 문장을 찾도록 한다.

02 추론 정답 | ④

해설 SW·AI 교육을 독립 교과로 설치하면 학교급에 따른 체계적인 교육이 가능하다고 하였다는 점에서 초중등 교육 과정에서 SW·AI 교육을 체계화하기 위한 가장 이상적인 방법은 융합 교육이 아닌 독립 교과로 시행하는 것임을 추론할 수 있으므로 적절하지 않다.

| 오답풀이 |
① SW·AI 교육을 독립 교과로 설치하면 학교급에 따른 체계적인 교육이 가능한데, 현재는 중학교에서만 독립 교

과로 시행하고 있다고 하였으므로 적절하다.
② SW·AI 교육을 독립 교과로 편성하면 다른 교과에서 시수를 빼앗아 올 수밖에 없다는 점에서 교과별 시수 문제가 걸려있기 때문에 SW·AI 교육을 독립 교과로 편성하기 힘듦을 추론할 수 있으므로 적절하다.
③ SW·AI 교육을 융합 교육으로 진행하는 방식은 기존 과목에서 AI 활용 교육을 진행하는 것인데, 융합 교육을 진행할 교사 양성에 난항이 예상된다고 하였으므로 적절하다.
⑤ 전문가들에 따르면 AI 프로그램을 비롯해 SW·AI 교육을 운영하려면 클라우드, 네트워크 등이 필요한데 교육 현장에 갖춰진 것이 거의 없는 상태라고 하였다는 점에서 SW·AI 교육을 위해 클라우드, 네트워크 등의 인프라가 교육 현장에 마련되어야 함을 추론할 수 있으므로 적절하다.

03 추론 정답 | ③

해설 제시글과 [보기]를 통해서는 천상열차분야지도가 일반 백성들에게 천문 지식을 널리 알리려는 의도로 만들어졌는지 알 수 없으므로 가장 적절하지 않다.

| 오답풀이 |
① 제시글에서 천상열차분야지도는 조선 태조 4년에 제작되었다고 하였으며, [보기]에서 왕에게 천상열차분야지도를 비석에 새기고 천문관원을 시켜 하늘의 뜻을 살피라고 하고 있다는 점에서 조선 시대에 천문도를 제작하고 이를 비석에 새기는 일은 국가의 역점 사업 가운데 하나였음을 추론할 수 있으므로 적절하다.
② 제시글에서 천상열차분야지도는 조선 태조 4년에 제작된, 세계에서 두 번째로 오래된 천문도라고 하였으므로 적절하다.
④ [보기]에서 천문관원을 시켜 하늘의 뜻을 살피는 일을 게을리하지 않으면 왕의 공이 성대하게 빛날 것이라고 하였다는 점에서 조선 시대에 천문관원은 천문과 시간을 관측함으로써 하늘의 뜻을 살피는 역할을 맡았음을 추론할 수 있으므로 적절하다.
⑤ [보기]에서 중국의 요임금과 순임금도 천문관서를 설치하였고, 조선의 임금도 천상열차분야지도를 통해 하늘의 뜻을 살펴 공을 빛내야 한다고 주장하고 있다는 점에서 옛날에는 별자리의 변화를 살펴 하늘의 뜻을 정치에 반영하는 것이 곧 훌륭한 정치였음을 추론할 수 있으므로 적절하다.

04 내용 일치
정답 | ②

해설 콜레스테롤은 혈액에 염증을 일으키는 저밀도지단백 콜레스테롤과 혈관에 끼어 있는 콜레스테롤을 제거해서 간으로 운반하는 역할을 하는 고밀도지단백 콜레스테롤로 나뉘며, 식이조절 등으로 저밀도지단백 콜레스테롤을 낮추고 꾸준한 운동 등으로 고밀도지단백 콜레스테롤을 높이는 것이 중요하다고 하였으므로 적절하다.

| 오답풀이 |

① 심혈관 질환을 유발하는 주범에는 고혈압과 고지혈증 등이 있다고 하였을 뿐, 고혈압과 고지혈증 중 무엇이 더 위험한지는 알 수 없으므로 적절하지 않다.

③ 고혈압은 평생 조절해야 하는 병이기 때문에 전문의의 지시에 따라 치료를 꾸준히 이어 나가는 것이 중요하다고 하였으므로 적절하지 않다.

④ 혈압이 높은 상태가 장기적으로 계속되면 심부전, 심근경색, 부정맥, 뇌출혈 등의 심혈관 질환이 발생할 수 있는데, 이러한 증상이 나타난다면 이미 병세가 많이 진행됐다는 사실을 의미한다고 하였으므로 적절하지 않다.

⑤ 고지혈증은 혈액 속에 중성지방이나 콜레스테롤 둘 중 하나가 정상수치보다 많은 상태를 의미한다고 하였으므로 적절하지 않다.

05 논지 전개 방식
정답 | ③

해설 글 전체에서 서술 대상인 새집 증후군을 유발 인자, 유해 물질 발생 경과, 발생의 원인이 되는 유해 건축 자재 사용의 불가피성 등 다각적인 측면에서 상세히 설명하고 있으므로 적절하다.

06 내용 일치
정답 | ④

해설 2문단에서 고양이는 시야가 인간보다 훨씬 넓어 물체가 좌우로 크게 움직여도 눈알을 움직이지 않고 물체를 시야 속에 둘 수 있다고 하였으므로 적절하지 않다.

| 오답풀이 |

① 2문단에서 고양이는 적록색맹이기 때문에 초록색과 파란색, 노란색은 볼 수 있지만 빨간색, 주황색, 갈색은 볼 수 없다고 하였으므로 적절하다.

② 3문단에서 고양이는 오랜 시간 매복하며 사냥을 하는 육식 동물이었기 때문에 활동량이 많지 않아 개처럼 산책을 하지 않아도 된다고 하였으므로 적절하다.

③ 1문단에서 대항해 시대에 세계 각지를 탐험하던 배에 쥐를 잡기 위해 고양이를 태웠다고 하였으므로 적절하다.

⑤ 4문단에서 고양이가 털에 침을 묻힐 때 고양이 침 속에 있는 알레르기 원인 물질이 고양이의 몸 전체 털에 묻어서 사람들이 고양이 털에 알레르기 증상을 겪게 되기도 한다고 하였으므로 적절하다.

07 문단 배열
정답 | ③

해설 이 글은 토마호크 순항 미사일을 소개하며 독자의 흥미를 유발하고, 순항 미사일과 탄도 미사일을 비교하며 그 특징을 설명하는 글이다. 따라서 '(나) 토마호크 순항 미사일의 특징 — (가) 탄도 미사일과 순항 미사일의 비행 방법 및 우리 군의 천룡 순항 미사일 — (라) 순항 미사일의 장점 — (다) 순항 미사일과 비교한 탄도 미사일의 장점' 순으로 배열되어야 한다.

08 제목 찾기
정답 | ⑤

해설 이 글은 홍채와 얼굴로 신원을 확인하는 생체 인식 기술의 특징을 설명하고, 생체 인식 기술을 감시 시스템과 통합한 지능형 영상 감시 시스템이 다양한 분야에서 활용될 것이라고 전망하는 내용이므로 이 글의 제목으로 가장 적절한 것은 ⑤이다.

| 오답풀이 |

① 2문단과 3문단에서 생체 인식 기술의 발전 현황에 대해 다루고 있으나, 글 전체를 포괄할 수 없으므로 적절하지 않다.

② 생체 인식 기술과 빅 브라더에 대해서는 다루고 있지 않으므로 적절하지 않다.

③ 4문단에서 생체 인식 기술과 감시 시스템을 통합한 지능형 영상 감시 시스템의 활용 전망에 대해 다루고 있으나, 글 전체를 포괄할 수 없으므로 적절하지 않다.

④ 생체 인식 기술의 문제점과 해결 방안에 대해서는 다루고 있지 않으므로 적절하지 않다.

09 내용 일치
정답 | ②

해설 1문단에서 케플러의 제1법칙에 따르면 모든 행성이 태양을 한 초점으로 하는 타원 궤도를 그린다고 하였으며, 2문단에서 케플러의 제2법칙에 따르면 행성이 태양으로부터 가까울 때는 빨리 움직이고 멀 때는 느리게 움직인다는 것을 발견하였다고 하였으므로 행성은 무질서한 운동이 아닌 속도가 일정하지 않은 타원 운동을 하고 있음을 알 수 있다.

| 오답풀이 |

① 3문단에서 케플러의 제3법칙에 따르면 행성의 공전 주기의 제곱은 그 행성 궤도의 긴반지름의 세제곱에 비례한다고 하였을 뿐, 행성의 크기에 따라 작용되는지는 알 수 없으므로 적절하지 않다.

③ 1문단에서 케플러의 제1법칙에 따르면 모든 행성이 지구가 아닌 태양을 한 초점으로 하는 타원 궤도를 그리며, 태양은 타원의 두 초점 중 하나에 위치한다고 하였으므로 적절하지 않다.

④ 3문단에서 케플러의 제3법칙에 따르면 행성의 공전 주기의 제곱은 그 행성 궤도의 긴반지름의 세제곱에 비례한다고 하였으므로 적절하지 않다.

⑤ 2문단에서 케플러의 제2법칙에 따르면 행성이 t_1 지점에서 t_2 지점까지 운행하는 데 한 달이 걸리고, t_3 지점에서 t_4 지점까지 운행하는 데 한 달이 걸린다면 두 부분의 반지름 길이가 아닌 면적이 동일하다고 하였으므로 적절하지 않다.

10 추론   정답 | ③

해설 2문단에서 원룸형 오피스텔은 주택의 대체재가 되지 못하면서도 주택 수에는 포함되는 불리함 때문에 인기가 낮으며, 주거형 오피스텔은 원룸형 오피스텔과 달리 주택 수에 포함되지 않아 주택의 대체재가 될 수 있다고 하였다. 따라서 주택 수에 포함되는 원룸형 오피스텔의 공급이 수월해진다고 하여도 주택 수에 포함되지 않아 주택의 대체재가 될 수 있는 주거형 오피스텔의 인기가 식는다고 추론할 수 없으므로 적절하지 않다.

| 오답풀이 |

① 2문단에서 주택의 대체재가 될 수 있는 주거형 오피스텔은 아파텔이라고도 불리며, 이러한 유사 아파트의 인기는 아파트 구입이 그만큼 어렵기 때문인 것으로 분석된다고 하였으므로 적절하다.

② 3문단에서 아파트는 서울의 경우 전매 제한 기간이 5~10년이라서 당첨이 되더라도 최대 10년간 팔 수 없다고 하였다는 점에서 서울의 아파트는 투자 목적으로 단기간 보유하고 있다가 판매하는 것이 불가능함을 추론할 수 있다.

④ 1문단에서 아파트는 좋지만 너무 비싸서, 또는 너무 싸기에 경쟁이 심해서 결국 매수하기가 어렵다고 하였으므로 적절하다.

⑤ 4문단에서 억지로 눌러놓은 아파트 분양가는 구매할 수 없는 쇼룸 가격일 뿐이기 때문에 오피스텔의 가격은 주변 시세를 반영하여 책정된 가격이지만 언제든 구매할 수 있

는 아파트와 유사한 주택이라는 개념으로 접근되고 있다고 하였다는 점에서 오피스텔은 분양가 상한제가 적용되는 아파트와 달리 주변 시세를 반영하여 가격이 책정됨을 추론할 수 있다.

11 빈칸 완성   정답 | ③

해설 빈칸이 포함된 문단에서 두 자극 간의 차이를 감지할 수 있는 최소한의 에너지 강도의 차인 최소 가치 차이를 수식화한 베버의 법칙에 대해 구체적으로 설명하고 있다.

빈칸 앞에서는 처음에 약한 자극을 주면 자극의 변화가 적어도 그 변화를 쉽게 감지할 수 있으나 처음에 강한 자극을 주면 자극의 변화를 감지하는 능력이 약해져서 더 큰 자극에서만 변화를 느낄 수 있다고 하였으며, 빈칸 뒤에서는 이에 대한 구체적인 예시를 들고 있으므로 빈칸에는 '지각에 필요한 변화의 양이 원래 자극의 크기에 비례한다.'는 내용이 오는 것이 적절하다. 따라서 정답은 ③이다.

| 풀이 TIP |

빈칸이 포함된 문장이나 빈칸 앞뒤에 있는 단어를 통해 앞뒤 내용과의 관계를 파악하면 풀이 시간을 단축할 수 있다. 이 문제의 경우, 빈칸이 포함된 문장이 '다시 말하여'라는 뜻의 부사인 '즉'으로 시작하고 있으므로 빈칸에는 빈칸 앞에 온 내용을 다시 정리하는 내용이 들어갈 것임을 파악할 수 있다.

12 문단별 주제   정답 | ①

해설 (가)문단에서 유럽은 본래 동질성을 찾기 어려워 하나로 정의할 수 없는 실체였으며, 중세시대에 기독교적 관념을 가지고 있었으나 교회가 무너지고 나서 더 세속적인 관념을 가지게 되었다고 서술하고 있다. 그러나 이를 기독교 세계를 유럽인들끼리 공유했다고 보기에 부족함이 있고, 교회의 붕괴가 세속적 관념을 가지게 된 계기로 보기도 어렵다. 따라서 (가)문단의 주제로 적절한 것은 '유럽인의 비유럽 세계를 통한 유럽의 개념과 기원의 인식'이다.

13 추론   정답 | ⑤

해설 (다)문단에서 유럽인들은 유럽의 역동성과 비교하면 동양은 본질적으로 정체된 구조였으며, 열등하고, 감정적이라고 생각하였다고 하였다. 따라서 동양의 문화는 정적이며 감정적인 것이 특징이라는 발언은 유럽인들의 왜곡된 역사의식에 영향을 받은

발언이라고 볼 수 있다. 또한, 동양이 서양에 비해 정신문명이 발전하였다는 생각 자체가 유럽이 동양이나 이집트보다 낮다고 생각한 유럽식의 역사의식과 동일한 것이다. 아울러 동양이 위대함을 유럽인들에게 인식시키는 방안을 개발하고 실천해야 한다는 생각도 동양의 우수한 문명을 유럽인에게 인정을 받아야 한다는 그릇된 생각에서 비롯되었다고 할 수 있다.

| 오답풀이 |

①, ②, ③, ④ 특정 문화가 우위에 있다고 판단해서는 안 되며 역사 발전을 바라볼 때 균형된 시각을 갖추어야 한다는 관점에서 진술된 발언이다.

14 응용계산(거/속/시)　　정답 | ①

해설 8분 20초 $= 8\frac{1}{3}$ 분 $= \dfrac{8\frac{1}{3}}{60}$ 시간 $= \dfrac{\frac{25}{3}}{60}$ 시간 $= \dfrac{5}{36}$ 시간이며, A선수가 수영 구간을 시속 5.4km로 완주하는 데 8분 20초, 즉 $\dfrac{5}{36}$ 시간이 걸렸으므로 수영 구간 거리는 $5.4 \times \dfrac{5}{36} = 0.75\text{km} = 750\text{m}$ 이다.
그러므로 A선수가 출전한 경기는 철인 3종 경기 중 스프린트 코스이다.
스프린트 코스에서 사이클 구간 거리는 20km이고, A선수가 사이클 구간을 시속 40km로 완주하는 데 걸린 시간은 $\dfrac{20}{40}$ 시간 $= \dfrac{1}{2}$ 시간 $= 30$ 분이다.
또한, 스프린트 코스에서 마라톤 구간 거리는 5km이고, 이 선수가 마라톤 구간을 시속 20km로 완주하는 데 걸린 시간은 $\dfrac{5}{20}$ 시간 $= \dfrac{1}{4}$ 시간 $= 15$ 분이다.
따라서 이 선수의 최종 기록은 8분 20초 + 30분 + 15분 = 53분 20초이다.

15 응용계산(경우의 수)　　정답 | ④

해설 서로 같은 깃발의 개수에 따라 깃발을 올리거나 내리는 방법으로 만들 수 있는 신호는 다음과 같다.

서로 같은 깃발의 개수	만들 수 있는 신호	만들 수 있는 신호 개수
1	(↑), (↓)	2=1+1
2	(↑↑), (↑↓), (↓↓)	3=2+1
3	(↑↑↑), (↑↑↓), (↑↓↓), (↓↓↓)	4=3+1
4	(↑↑↑↑), (↑↑↑↓), (↑↑↓↓), (↑↓↓↓), (↓↓↓↓)	5=4+1
⋮	⋮	⋮

서로 같은 깃발로 만들 수 있는 신호의 개수는 (서로 같은 깃발의 개수)+1이므로 8,190개의 깃발로 만들 수 있는 신호는 $8,190 + 1 = 8,191$ 개로 $p = 8,191$ 이다.
따라서 $\dfrac{p-1}{2} = \dfrac{8,191-1}{2} = 4,095$ 이다.

16 응용계산(방정식)　　정답 | ④

해설 갑이 설치해야 하는 프로그램 수를 x, 을이 설치해야 하는 프로그램 수를 y라고 가정한다.
첫 번째 조건에서 갑이 설치해야 하는 프로그램 중 1개를 을이 설치하면 을이 설치한 프로그램 수는 갑의 3배가 된다고 하였으므로
$3(x-1) = y+1 \rightarrow 3x - y = 4$　… ㉠
두 번째 조건에서 을이 설치해야 하는 프로그램 중 1개를 갑이 설치하면 을이 설치한 프로그램 수는 갑의 2배가 된다고 하였으므로
$2(x+1) = y-1 \rightarrow 2x - y = -3$　… ㉡
㉠, ㉡을 연립하여 풀면 $x = 7$, $y = 17$ 이다.
따라서 갑과 을이 각각 설치해야 하는 프로그램 수의 곱은 $7 \times 17 = 119$ 이다.

17 응용계산(일률)　　정답 | ②

해설 A, B가 하루 동안 하는 일의 양을 각각 a, b라고 가정한다.
첫 번째 조건에서 C 혼자 일을 할 경우 하나의 일을 끝내는 데 6일이 걸린다고 하였으므로 C가 하루 동안 하는 일의 양은 $\dfrac{1}{6}$ 이다.
두 번째 조건에서 A 혼자 2일 동안 일하고 A와 C가 함께 4일 동안 일하면 하나의 일을 끝낼 수 있다고 하였으므로
$2a + 4\left(a + \dfrac{1}{6}\right) = 1 \rightarrow 6a + \dfrac{2}{3} = 1 \rightarrow 6a = \dfrac{1}{3}$
$\rightarrow a = \dfrac{1}{18}$

따라서 A가 하루 동안 하는 일의 양은 $\frac{1}{18}$이다.

세 번째 조건에서 A와 B가 함께 일하면 하나의 일을 끝내는 데 3일이 걸린다고 하였으므로

$$3\left(\frac{1}{18}+b\right)=1 \rightarrow \frac{1}{18}+b=\frac{1}{3} \rightarrow b=\frac{5}{18}$$

따라서 B가 하루 동안 하는 일의 양은 $\frac{5}{18}$이다.

이때 B가 혼자 하나의 일을 끝내려면 $\frac{18}{5}=3.6$(일)이 걸리며, 네 번째 조건에서 A~C가 하루에 일하는 시간은 10시간이라고 하였으므로 0.6일은 $0.6 \times 10=6$(시간)이기 때문에 B가 혼자 하나의 일을 끝내는 데 3일 6시간이 걸린다.

| 풀이 TIP |
일에 대한 문제를 풀 때는 일의 양이 주어지지 않으면 일의 양을 1로 놓고, 한 사람이 하루 또는 한 시간 등 단위 시간 동안 할 수 있는 일의 양을 미지수로 놓고 문제를 해결한다.

18 자료이해 정답 | ④

해설 [그래프]와 [표]에서 2020년 가전 · 전자 · 통신기기 상품군에서 인터넷쇼핑의 판매액은 $51,172,415 \times 14\% ≒ 51$(조 원)$\times 14\%=7.14$(조 원)이고, 모바일쇼핑의 판매액은 $108,265,942 \times 10.1\% ≒ 108$(조 원)$\times 10.1\%=10.908$(조 원)으로 2020년에 가전 · 전자 · 통신기기 상품군에서 인터넷쇼핑의 판매액은 모바일쇼핑의 판매액보다 적으므로 옳지 않다.

| 오답풀이 |
① [그래프]에서 2018년에 인터넷쇼핑, 모바일쇼핑, 백화점, 대형소매점 판매액은 모두 전년 대비 증가하였으므로 옳다.
② [그래프]에서 2020년 모바일쇼핑 판매액은 108,265,942백만 원이고, 2017년 모바일쇼핑 판매액은 52,909,341백만 원으로 2017년 모바일쇼핑 판매액의 2배는 $52,909,341 \times 2=105,818,682$이기 때문에 2020년에 모바일 쇼핑 판매액은 2017년 대비 2배 이상 증가하였으므로 옳다.
③ [그래프]에서 2020년의 백화점 판매액은 전년 대비 $\frac{30,386,424-27,379,576}{30,386,424} \times 100 ≒ 9.9(\%)$, 즉 약 10% 감소하였으므로 옳다.
⑤ [그래프]와 [표]에서 2020년 모바일쇼핑의 판매액 비중이 가장 큰 상품군은 비중이 15%인 음식서비스이고 판매액은 108(조 원)$\times 15\%=16.2$(조 원). 가장 적은 상품군은 0.4%인 문화 및 레저서비스이고 판매액은 108(조

원)$\times 0.4\%=0.432$(조 원)이므로 판매액의 차는 $16.2-0.432=15.768$(조 원)으로 16조 원 이하이므로 옳다.

| 풀이 TIP |
복잡한 계산은 어림셈을 이용하여 다음과 같이 풀이하면 문제 풀이 시간을 단축할 수 있다.
③ [그래프]에서 2020년 백화점 판매액이 전년 대비 약 10% 감소하였다면 2020년 백화점 판매액은 2019년 백화점 판매액의 90%이어야 한다. 2020년 백화점 판매액 27,379,576백만 원은 $30,386,424 \times 90\%=30,386,424 \times 0.9 ≒ 30.4 \times 0.9=27.36$(조 원)으로 2019년 백화점 판매액 대비 약 10% 감소하였으므로 옳다.
④ [그래프]와 [표]에서 2020년 인터넷쇼핑 판매액은 51,172,415(백만 원)이고 2020년 가전 · 전자 · 통신기기 상품군에서 인터넷쇼핑의 판매액 비중은 14%이므로 인터넷쇼핑의 판매액은 51,172,415(백만 원)$\times 14\%$ ≒51(조 원)$\times 14\%$이다. 2020년 모바일쇼핑의 판매액은 108,265,942(백만 원)이고 2020년 가전 · 전자 · 통신기기 상품군에서 모바일쇼핑의 판매액 비중은 10.1%이므로 모바일쇼핑의 판매액은 $108,265,942$(백만 원)$\times 10.1\%$≒108(조 원)$\times 10.1\%=54$(조 원)$\times 20.2\%$이다. 따라서 51(조 원)$\times 14\%<54$(조 원)$\times 20.2\%$으로 2020년에 가전 · 전자 · 통신기기 상품군에서 인터넷쇼핑의 판매액은 모바일쇼핑의 판매액보다 더 적으므로 옳지 않다.
⑤ [그래프]와 [표]에서 2020년 모바일쇼핑의 판매액 비중이 가장 큰 상품군은 비중이 15%인 음식서비스이고, 가장 적은 상품군은 0.4%인 문화 및 레저서비스이다. 이때 음식서비스와 문화 및 레저서비스의 판매액의 차는 108(조 원)$\times (15\%-0.4\%)=15.768$(조 원)으로 판매액의 차는 16조 원 이하이므로 옳다.

19 자료이해 정답 | ②

해설 ㉠ 2019년에 자녀 또는 친척 지원으로 생활비를 마련하는 60대는 60~64세가 $1,842 \times 6.4\%$≒118(명), 65~69세가 $867 \times 11.6\%$≒101(명)으로 약 $118+101=219$(명)이므로 옳다.
㉢ 2019년 본인 및 배우자 부담으로 생활비를 마련하는 응답자 중 재산소득으로 생활비를 마련하는 70대는 예금(적금)으로 생활비를 마련하는 70대보다 $657 \times \frac{60.9}{100} \times \left(\frac{14.9}{100}-\frac{7.9}{100}\right)=657 \times \frac{60.9}{100} \times \frac{7}{100}$≒28(명) 많아 20명 이상 많으므로 옳다.

ⓒ 2017년에 본인 및 배우자 부담으로 생활비를 마련하는 응답자 중 재산소득으로 생활비를 마련하는 응답자 수는 $60{\sim}64$세가 $1{,}398 \times \dfrac{88.4}{100} \times \dfrac{6.3}{100} \fallingdotseq 78$(명)이고, 80대 이상이 $281 \times \dfrac{33.8}{100} \times \dfrac{14.7}{100} \fallingdotseq 14$(명)으로 80대 이상이 가장 많은 것은 아니므로 옳지 않다.

ⓔ 본인 및 배우자 부담으로 생활비를 마련하는 응답자 중 연금, 퇴직금으로 생활비를 마련하는 $60{\sim}64$세 응답자는 2017년이 $1{,}398 \times \dfrac{88.4}{100} \times \dfrac{20}{100} \fallingdotseq 247$(명)이고, 2019년이 $1{,}842 \times \dfrac{88.4}{100} \times \dfrac{17.5}{100} \fallingdotseq 285$(명)으로 2017년이 2019년보다 더 적으므로 옳지 않다.

20 자료이해   정답 | ④

해설   배우자와의 관계에서 문제가 생길 때 대응 방법 1순위로 '배우자와 대화로 해결한다.'고 응답한 한국 출신 아내는 50% 이상이지만, 외국 출신 아내는 50% 미만이므로 옳지 않다.

① [표1]에서 서울의 다문화혼인별 신혼부부 수는 전국의 $\dfrac{15{,}856}{88{,}638} \times 100 \fallingdotseq \dfrac{16{,}000}{89{,}000} \times 100 \fallingdotseq 18(\%)$, 약 18%이므로 옳다.

② [표1]에서 한국에서 출생한 한국인의 배우자가 귀화한 한국인 남성인 경우는 407쌍이고, 배우자가 귀화한 한국인 여성인 경우는 4,000쌍으로 한국에서 출생한 한국인 배우자가 귀화한 한국인 여성인 경우가 더 많으므로 옳다.

③ [표1]에서 서울의 다문화혼인별 신혼부부는 아내가 외국인인 경우가 9,960쌍이고, 남편이 외국인인 경우는 4,933쌍으로 $4{,}933 \times 2 = 9{,}866$이기 때문에 2배 이상 많으므로 옳다.

⑤ [표2]에서 출신과 관계없이 남편과 아내 모두 배우자와의 관계에서 문제가 생길 때 대응 방법 중 '배우자와 대화로 해결한다.'고 응답한 비중이 가장 높으므로 옳다.

21 자료계산   정답 | ②

해설   2021년 2/4분기 온라인 해외 직접 판매액은 전년 동분기 대비 $a\%$ 감소했다고 하였으므로 $\dfrac{12{,}038 - 12{,}849}{12{,}849} \times 100 \fallingdotseq -6.3(\%)$ $\rightarrow a = 6.3$이다.
2021년 2/4분기 해외 직접 구매액은 전분기 대비

$b\%$ 감소했다고 하였으므로 $\dfrac{11{,}212 - 14{,}125}{14{,}125} \times 100 \fallingdotseq -20.6(\%) \rightarrow b = 20.6$이다.
따라서 $a + b = 26.9$이다.

22 자료이해   정답 | ⑤

해설   ⓒ 초중고 사교육 참여율은 66.5%이고, 주당 사교육 참여시간은 7.9시간이라고 하였으므로 [보고서]는 2020년을 기준으로 작성되었다.

ⓛ 2020년 주당 참여시간은 고등학교 9.7시간, 중학교 9.0시간, 초등학교 6.6시간 순으로 높으므로 옳지 않다.

ⓔ 2020년 예체능·취미·교양 1인당 월평균 사교육비는 전년 대비 감소하였으므로 옳지 않다.

ⓐ 2020년 사교육 참여율은 전년 대비 고등학교가 0.3%p 증가하였고, 초등학교는 13.9%p, 중학교는 4.2%p 감소하였으므로 옳다.

ⓒ 일반교과 참여학생 1인당 월평균 사교육비는 2020년 43만 6천 원으로 전년 대비 $\dfrac{436{,}000 - 418{,}000}{418{,}000} \times 100 \fallingdotseq 4.3(\%)$ 증가하였으므로 옳다.

23 자료이해   정답 | ⑤

해설   ⓐ 적지 않다는 것은 많거나 같다는 의미이며, [표]의 가구원수별 분류에서 전 가구의 가구주 평균 연령은 부채 보유 가구의 가구주 평균 연령보다 많거나 같으므로 옳다.

ⓒ 가구원수 전체의 전 가구에서 2018년 부채 대비 자산은 $\dfrac{42{,}036}{7{,}668} \fallingdotseq 5.5$(배)이고, 2020년 부채 대비 자산은 $\dfrac{44{,}543}{8{,}256} \fallingdotseq 5.4$(배)로 2018년이 2020년보다 많으므로 옳다.

ⓛ 부채 보유 가구 중 가구원 수가 3인인 경우 순자산액이 2019년 $56{,}974 - 13{,}707 = 43{,}267$(만 원)에서 2020년 $57{,}011 - 14{,}074 = 42{,}937$(만 원)으로 감소하였으므로 옳지 않다.

24 자료계산   정답 | ②

해설   2020년 전 가구 평균 자산은 44,543만 원이고, 부채 보유 가구 평균 자산은 54,128만 원이다.

이때 부채 미보유 가구의 평균 자산을 x만 원이라고 하면

$$\frac{36\% \times x + 64\% \times 54{,}128}{100\%} = 44{,}543$$

$$\rightarrow 36x = 44{,}543 \times 100 - 64 \times 54{,}128$$

$$\rightarrow 36x = 990{,}108$$

$$\therefore x = 27{,}503$$

따라서 부채 보유 가구 평균 자산 대비 부채 미보유 가구 평균 자산의 비중은 $\frac{27{,}503}{44{,}543} \times 100 \fallingdotseq 62(\%)$이다.

25 자료변환   정답 | ②

해설 ㉠ 막대 그래프의 수치가 [표]의 1인 가구 연도별 평균 실물자산 수치와 일치하므로 옳은 그래프이다.

㉣ 순자산액은 자산－부채이므로 연도별 4인 가구의 순자산액은 다음과 같다.

(단위: 만 원)

2017년		2018년		2019년		2020년	
전 가구 평균	부채 보유 가구 평균	전 가구 평균	부채 보유 가구 평균	전 가구 평균	부채 보유 가구 평균	전 가구 평균	부채 보유 가구 평균
38,867	39,040	42,317	41,944	43,741	43,105	46,555	46,246

따라서 꺾은선 그래프에 표기된 수치와 일치하므로 옳은 그래프이다.

| 오답풀이 |

㉢ 2019년 2인 가구의 전 가구 부채 증가액은 전년 대비 5,765－5,852＝－87(만 원)이고, 부채 보유 가구 부채 증가액은 전년 대비 10,207－10,471＝－264(만 원)인데, 2019년의 전년 대비 부채 증가액이 양수로 잘못 표기되어 있으므로 옳지 않은 그래프이다.

㉡ 2020년 가구인수별 부채 보유 가구가 아닌 2020년 가구인수별 전 가구의 평균 금융자산 및 금융부채를 나타낸 그래프이므로 옳지 않은 그래프이다.

26 조건추리   정답 | ⑤

해설 D는 자리 5에 앉고 F는 자리 4에 앉는다. A와 G는 짝이고 B와 H는 짝이라고 하였으므로 D와 F의 짝은 C나 E이다. C는 G보다 칠판과의 거리가 가깝지만 F보다 멀다고 하였으므로 C가 F보다 칠판과의 거리가 멀려면 자리 6에 앉아야 하고, E는 자리 3에 앉는다.

칠판	자리 1	E	D	자리 7
	자리 2	F	C	자리 8

창가			

또한, C는 G보다 칠판과의 거리가 가까운 곳에 앉는다고 하였으므로 G는 자리 7과 자리 8 중에 한 곳에 앉는데, G는 창가와 먼 자리에 앉으므로 자리 7에 앉는다. G의 짝인 A는 자리 8에 앉는다.

칠판	자리 1	E	D	G
	자리 2	F	C	A

창가			

자리 1과 자리 2에는 B와 H가 앉는다. 그러나 B와 H가 각각 어느 자리에 앉는지는 알 수 없다.

따라서 몇 번 자리에 앉는지 정확하게 알 수 없는 사람은 B와 H이다.

27 조건추리   정답 | ①

해설 C는 D가 밀접 접촉자라고 말하고 있고, D는 본인과 E가 밀접 접촉자가 아니라고 하고 있다. 진실을 말하고 있는 사람은 진실만을, 거짓을 말하고 있는 사람은 거짓만을 말하고 있다고 하였으므로 C와 D 중 한 사람은 거짓을 말하고 있다.

경우 1) C의 말이 거짓인 경우

C의 말이 거짓인 경우 D는 밀접 접촉자가 아니다. D의 말은 진실이므로 E도 밀접 접촉자가 아니다. E는 본인과 A가 밀접 접촉자가 아니라고 말하고 있다. 진실을 말하고 있는 사람은 진실만을 말하므로, E의 말은 모두 진실이 된다. A, D, E는 밀접 접촉자가 아니므로 밀접 접촉자는 B와 C이다.

경우 2) D의 말이 거짓인 경우

D의 말이 거짓인 경우 D와 E는 밀접 접촉자이다. E는 본인과 A가 밀접 접촉자가 아니라고 말하고 있다. 거짓을 말하고 있는 사람은 거짓만을 말하므로 E의 말은 모두 거짓이 된다. A, D, E가 밀접 접촉자가 되므로 밀접 접촉자가 3명이 되어 모순이다. 그러므로 밀접 접촉자는 B와 C이다. B와 C가 방문한 곳은 식당, 복사실, 회의실, 탕비실이므로 사내 추가 소독이 필요한 장소가 아닌 곳은 매점이다.

| 풀이 TIP |

의견이 상반되는 두 사람을 찾으면 둘 중 한 명은 진실, 한

명은 거짓을 말하고 있음을 알 수 있다. 진실을 말하고 있는 사람은 진실만을, 거짓을 말하고 있는 사람은 거짓만을 말하고 있다고 하였으므로 상반된 의견을 말하고 있는 사람은 C와 D이다.

28 조건추리   정답 | ③

해설 5층의 주택에 2층에는 남자가 살고 있고, 3층에는 약사가 살고 있다. 또한, 회계사는 짝수 층에 살고 있다고 하였으므로 2층이나 4층에 살고 있다. 변호사는 회계사보다 높은 층에 살고 있고, 의사보다 낮은 층에 살고 있다고 하였는데, 이를 통해 변호사와 의사가 모두 회계사보다 높은 층에 살고 있음을 알 수 있다. 회계사가 4층이라면 더 높은 층에 1명만 살 수 있으므로, 회계사는 2층에 살고 있다. 그렇다면 변호사는 4층, 의사는 5층에 살고 있다. 남은 1층에는 변리사가 산다.

1층	2층	3층	4층	5층
	남자			
변리사	회계사	약사	변호사	의사

변리사는 남자이므로 1층에는 남자가 산다. 주택의 거주인은 남자 3명, 여자 2명이므로 3층과 4층에 사는 사람의 성별이 같으려면 둘은 모두 여자여야 한다. 남은 5층에는 남자가 산다.

1층	2층	3층	4층	5층
남자	남자	여자	여자	남자
변리사	회계사	약사	변호사	의사

따라서 3층에는 여자가 살고 있으므로 옳지 않다.

29 진실과 거짓   정답 | ⑤

해설 B는 화요일에 재무팀 영상이 올라가고, 목요일에 기획팀 영상이 올라간다고 하였다. 이 경우, 홍보팀 영상이 올라간 다음 날에 인사팀 영상이 올라가거나 마케팅팀 영상이 올라간 다음 날에 홍보팀 영상이 올라갈 수 없다. 그러므로 B의 말이 진실이라면 C와 E가 거짓을 말한 것이 된다.
즉, B의 말이 진실인 경우 A와 D의 말은 진실이다. D의 말이 진실이라면 수요일에 홍보팀 영상이 올라간다. 그러므로 A의 말을 고려하면 금요일에 인사팀, 월요일에 마케팅팀 영상이 올라가게 된다. 이 경우 모순이 없다.

1층	2층	3층	4층	5층
마케팅팀	재무팀	홍보팀	기획팀	인사팀

따라서 B의 말이 진실인 경우, 금요일에 영상이 업로드되는 팀은 인사팀이다.

| 오답풀이 |

① A, B, D의 말이 진실인 경우, 다음과 같은 경우가 가능하다. 이때 A의 말은 진실이나 C의 말은 거짓이다.

1층	2층	3층	4층	5층
마케팅팀	재무팀	홍보팀	기획팀	인사팀

② C와 D의 말이 진실인 경우, 홍보팀은 수요일, 인사팀은 목요일에 영상이 올라간다. 이 경우, A의 말 중 홍보팀은 인사팀보다 먼저 영상이 올라간다는 것은 진실이 된다. 거짓을 말하는 사람의 말에는 진실이 포함될 수 없어서 A의 말은 모두 진실이 되어야 한다.

③ B의 말이 진실인 경우, 화요일에 재무팀, 목요일에 기획팀 영상이 올라가므로 마케팅팀, 홍보팀, 인사팀은 연속으로 영상이 올라갈 수 없다. 따라서 B의 말이 진실이라면 거짓을 말하는 사람은 C와 E이다.

④ D와 E의 말이 모두 진실인 경우, 홍보팀은 수요일, 마케팅팀은 화요일에 영상이 올라간다. 이 경우, 재무팀 영상은 화요일에 올라갈 수 없으므로 B의 말은 거짓이 되어 기획팀 영상은 목요일에 올라갈 수 없다. 목요일에 인사팀의 영상이 올라갈 경우, C의 말은 진실이 된다. 하지만 A의 말도 진실이 되므로 진실인 사람이 4명이 되어 이는 모순이다. 목요일에 재무팀 영상이 올라간다고 하면, C의 말은 거짓이 된다. 그렇다면 A의 말은 진실이 되어야 하는데, 기획팀, 인사팀 영상이 목, 금요일에 올라갈 수 없어 모순된다. 따라서 D와 E의 말이 동시에 진실일 수는 없다.

30 진실과 거짓   정답 | ④

해설 경우의 수를 나누어 생각하면 다음과 같다.
경우 1) E의 말이 거짓일 경우
거짓을 말하는 사람의 말에는 진실 포함되어 있지 않으므로 C는 책장을 관리하고 D는 화분을 관리한다. 거짓을 말하는 사람은 1명이라고 하였으므로 나머지 사람들의 말은 모두 진실이어야 한다. A는 화분을 관리하는 사람이 거짓을 말하고 있다고 하였지만, 화분을 관리하는 D는 진실을 말해야 한다는 점에서 모순이 발생하므로 E의 말은 진실이다.
경우 2) D의 말이 거짓일 경우
A는 화분을 관리하고 있다. 하지만 A는 화분을 관리하는 사람이 거짓을 말하고 있다고 하였다는 점에

서 A의 말도 거짓이 되어 모순이 발생하므로 D의 말은 진실이다.

경우 3) B의 말이 거짓일 경우
A의 말이 진실이어야 하므로 B가 화분을 관리해야 한다. 하지만 C는 B가 책장을 관리한다고 하였다는 점에서 모순이 발생하므로 B의 말은 진실이다.

경우 4) A의 말이 거짓일 경우
B, C의 말이 진실이므로 B는 책장, D는 탕비실, E는 공기청정기를 관리한다. C는 진실을 말하기 때문에 화분을 관리하지 않으므로 복합기를 관리해야 한다. 이 경우 A가 화분을 관리해야 하는데, A가 화분을 관리한다면 화분을 관리하는 사람이 거짓을 말하고 있다는 A의 말이 진실이 되어 모순이 발생하므로 A의 말은 진실이다.

따라서 거짓을 말하고 있는 사람은 C이고, C의 말이 거짓이라면 A의 말은 진실이므로 거짓을 말하는 C는 화분을 관리한다.

31 문제처리능력 정답 | ①

해설 을과 병은 같은 숙소에서 숙박하였고 병의 직급이 과장으로 더 높으며, C국의 과장 이상 1일 숙박비 상한액이 600달러이므로 을과 병의 숙박비는 $600 \times 3 \times 1.8 = 3,240$(달러)이다. 갑~정의 항목별 출장 여비는 다음과 같다.

직원	숙박비 (달러)	식비 (달러)	일비 (달러)	교통비 (달러)	총 출장 여비
갑	500×4=2,000	250×5=1,250	50×5=250	4,800×1.2 =5,760	9,260
을	600×3×1.8 =3,240	200×5=1,000	40×5=200	10,500	31,100
병		200×5=1,000	40×5×1.4=280	12,400×1.2 =14,880	
정	900×3=2,700	320×4=1,280	60×4=240	8,500	12,720

따라서 갑, 을, 병, 정이 지급받을 총 해외 출장 여비의 합은 9,260+31,100+12,720=53,080(달러)이다.

32 문제처리능력 정답 | ③

해설 갑~계 가구의 가구별 이사 지원금을 계산하면 다음과 같다.

(단위: 원)

구분	이사 형태	지원 금액	이사 예정 시기	지원 금액	이전 거주 지역 거주 기간	지원 금액	지원 총액
갑	A→D	1,500,000	85일 후	2,600,000	7년	580,000	4,680,000
을	A→D	1,500,000	98일 후	2,300,000	12년	680,000	4,480,000
병	A→E	1,300,000	47일 후	2,800,000	9년	580,000	4,680,000
정	A→E	1,300,000	102일 후	2,300,000	3년	480,000	4,080,000
무	A→E	1,300,000	66일 후	2,600,000	8년	580,000	4,480,000
기	C→A	2,000,000	192일 후	2,000,000	8년	450,000	4,450,000
경	D→E	1,000,000	384일 후	1,000,000	2년	450,000	2,450,000
신	D→E	1,000,000	14일 후	3,000,000	10년	650,000	4,650,000
임	B→C	1,000,000	292일 후	1,500,000	15년	720,000	3,220,000
계	D→C	1,000,000	27일 후	3,000,000	12년	650,000	4,650,000
총합	-	12,900,000		23,100,000	-	5,820,000	41,820,000

갑~계 가구의 이사 지원금 총합은 41,820,000원으로, 총 지원금의 한도액을 41,820,000−38,000,000 =3,820,000(원) 초과하였다. 한도액 초과 시 B, C, D, E 지역 간 상호 이동하는 가구에서 균등 부담해야 하며, 갑~계 가구 중 B, C, D, E 지역 간 상호 이동하는 가구는 경, 신, 임, 계 네 가구이다. 따라서 B, C, D, E 지역 간 상호 이동하는 각 가구에서 부담해야 하는 가구당 분담액은 3,820,000÷4=955,000(원)이다.

33 문제처리능력 정답 | ⑤

해설 32번 문제에서 계산한 갑~계 가구의 가구별 이사 지원금을 바탕으로 [보기]를 확인한다.

㉠ 이사 형태에 따른 지원금과 이사 예정 시기에 따른 지원금이 각각 같은 가구는 신과 계로 2가구이므로 옳다.

㉡ 이사 예정 시기에 따른 지원금이 가장 많은 가구는 3,000,000원을 지원받는 신과 계이며, 신과 계의 이사 형태에 따른 지원금은 1,000,000원으로 가장 적으므로 옳다.

㉢ 갑~계 가구의 거주 지역 중 이전 거주 지역은 A가 5가구로 가장 많고, 신규 거주 지역은 E가 5가구로 가장 많으므로 옳다.

㉣ 이사 예정 시기에 따른 지원금의 총합은 23,100,000원으로 이사 형태와 이전 거주 지역 거주 기간에

따른 지원금의 총합인 12,900,000＋5,820,000 ＝18,720,000(원)보다 많으므로 옳다.

34 문제처리능력

정답 | ⑤

해설 '신청 주체'에 따르면 신청 주체는 건물 관리 사무소로, 건물 관리사무소에 지원신청서를 제출하면 관리사무소에서 한전에 일괄 신청한다고 하였으므로 옳지 않다.

| 오답풀이 |

① '감면 기준'에 따르면 영업제한 업종의 경우 30%, 최대 월 18만 원이 감면된다. 따라서 A 씨의 기본요금과 전력량요금의 합계 금액이 한 달에 48만 원일 경우, A 씨의 한 달 감면액은 480,000×30%＝144,000(원)이므로 옳다.

② '감면 기준'에 따르면 집합금지 업종의 경우 50%, 최대 월 30만 원이 감면된다. 따라서 B 씨의 기본요금과 전력량요금의 합계 금액이 한 달에 72만 원일 경우, B 씨의 한 달 감면액은 720,000×50%＝360,000(원)이지만 300,000원을 초과하여 300,000원 감면되므로 옳다.

③ '신청 절차'에 따르면 한전사이버지점을 방문해야 하므로 옳다.

④ '감면 방법'에 따르면 전기요금 감면은 전월분 전기요금 내역을 제출하여 당월 요금에 감면을 받으므로 옳다.

35 문제처리능력

정답 | ④

해설 5월에 납부해야 할 금액은 (5월 요금) – (감면액)이며, 감면액은 영업제한 업종이므로 4월 기본요금과 전력량요금의 합에 30%에 해당하는 금액이다. 이에 따라 감면액을 계산하면 다음과 같다.

- 감면액: (487,560＋9,294)×30%＝149,056.2 → 149,050원

5월 요금은 기본요금, 전력량요금, 부가가치세, 전력사업기반기금, TV 수신료, 공통전기요금을 모두 더한 값이다. 이에 따라 5월 요금을 계산하면 다음과 같다.

- 5월 요금: 564,380＋12,347＋67,890＋30,240 ＋3,900＋4,440＝683,197 → 683,190원

따라서 5월 요금에서 감면액을 빼면 683,190 － 149,050＝534,140(원)이다.

36 문제처리능력

정답 | ④

해설 갑~기의 본부장 평가를 제외한 나머지 점수와 장학금을 받기 위해 필요한 점수 및 고과는 다음

과 같다.

구분	갑	을	병	정	무	기
근무 연수	10	20	5	25	15	10
고과 점수 평가	15	10	20	15	20	25
자녀 학업 성적	20	4	4	12	16	20
본부장 평가						
제안 실적	4	8	4	10	6	2
1년 내 근태 문제	−3			−6	−3	
총합 (본부장 평가 제외)	46	42	33	56	54	57
필요 점수	14	18	27	4	6	3
필요 고과	A	S	−	D	C	D

모든 지원자가 B를 받을 경우 장학금을 받을 수 있는 지원자는 '정', '무', '기' 3명이므로 옳지 않다.

| 오답풀이 |

① 병은 본부장 평가에서 최고점 S를 받더라도 장학금을 받을 수 없으므로 옳다.

② 모든 지원자가 D를 받을 경우 장학금을 받을 수 있는 지원자는 '정', '기' 2명이므로 옳다.

③ 모든 지원자가 C를 받을 경우 장학금을 받을 수 있는 지원자는 '정', '무', '기' 3명이므로 옳다.

⑤ 모든 지원자가 S를 받을 경우 장학금을 받을 수 있는 지원자는 '갑', '을', '정', '무', '기' 5명이므로 옳다.

37 문제처리능력

정답 | ①

해설 ㉠ 점수 평가 시, 최근 1년 이내에 관한 내용만 포함하는 항목은 자녀 학업 성적, 본부장 평가, 근태로 3가지이므로 항상 참인 설명이다.

㉡ 본부장 평가 고려 시 장학금을 받는 지원자는 정, 무, 기 3명이므로 항상 참인 설명이다.

구분	갑	을	병	정	무	기
근무 연수	10	20	5	25	15	10
고과 점수 평가	15	10	20	15	20	25
자녀 학업 성적	20	4	4	12	16	20
본부장 평가	12	16	20	16	8	12
제안 실적	4	8	4	10	6	2
1년 내 근태 문제	−3			−6	−3	
총합	58	58	53	72	62	69

| 오답풀이 |

ⓒ 자녀 학업 성적에 대한 평가를 직전 3학기 평균으로 변경할 경우, 장학금 수혜자가 증가하는지는 주어진 자료를 통해 알 수 없으므로 항상 참인 설명은 아니다.

ⓔ 3년 전의 고과 점수는 전체 기간 평균으로 반영되어 현재 점수에 영향을 주므로 항상 거짓인 설명이다.

38 문제처리능력   정답 | ⑤

해설 수혜 조건을 변경하여 점수를 계산하면 다음과 같다.

구분	갑	을	병	정	무	기
근무 연수	10	20	5	25	15	10
고과 점수 평가	15	10	20	15	20	25
자녀 학업 성적	12	16	8	12	20	16
지난 학기 대비 변동	−0.1	+0.6	−0.1	−0.3	+0.4	+0.6
가점		5				5
본부장 평가	16	16	20	12	8	12
제안 실적	4	8	4	10	6	2
1년 내 근태 문제	−3				−6	−3
총합	54	75	57	68	66	70

총합 점수가 가장 높은 직원은 을이고, 을은 1년 내 근태 문제가 없었으므로 옳지 않다.

| 오답풀이 |

① 장학금 수혜자는 을, 정, 무, 기로 4명이며, 모두 65점을 넘기 때문에 학점 상승에 따른 가점 적용 여부에 관계없이 장학금 수혜 인원수는 동일하므로 옳다.

② 변경 전과 동일하게 자녀 학업 성적을 직전 2학기 평균으로 반영하는 경우의 점수는 다음과 같다.

구분	갑	을	병	정	무	기
근무 연수	10	20	5	25	15	10
고과 점수 평가	15	10	20	15	20	25
자녀 학업 성적 직전 2학기 평균	3.95	3.7	3.75	3.95	4.1	3.8
자녀 학업 성적	12	8	8	12	16	12
본부장 평가	16	16	20	12	8	12
제안 실적	4	8	4	10	6	2
1년 내 근태 문제	−3				−6	−3
총합	54	62	57	68	62	61

변경 전과 동일하게 자녀 학업 성적을 직전 2학기 평균으로 반영하는 경우 장학금 수혜자는 을, 정, 무, 기 4명으로, 변경 이후 장학금 수혜 인원수와 같으므로 옳다.

③ 본부장 평가를 A 이상 받은 지원자 갑, 을, 병 중에서 장학금을 받을 수 있는 지원자는 을 한 명이므로 옳다.

④ 2학기 전과 비교하였을 때 직전 학기에 자녀의 학업 성적이 오른 직원의 수와 떨어진 직원의 수는 각각 3명으로 같으므로 옳다.

구분	갑	을	병	정	무	기
2학기 전 자녀 학업 성적	4.0	3.4	3.8	4.1	3.9	3.5
직전 학기 자녀 학업 성적	3.9	4.0	3.7	3.8	4.3	4.1
성적 변화	−	+	−	−	+	+

| 풀이 TIP |

여러 문제를 같이 지문을 읽고 푸는 문제의 경우, 문제를 먼저 확인한 후 푸는 것이 좋다. 해당 문제는 세 문제의 계산이 모두 중복되기 때문에 문제에서 변경되는 평가 항목만 계산하여 반영하면 좀 더 빠르게 문제를 풀 수 있다.

39 자기개발능력   정답 | ④

해설 A는 자기개발에 대한 계획 수립 시 영역을 광범위하게 설정하고 추상적으로 목표를 정하고 있는데, 이처럼 애매모호한 방법으로 계획을 세우면 어떻게 해야 하는지 명확하게 알 수가 없어서 중간에 적당히 하게 되거나 효율적이지 못해 노력을 낭비하게 된다. 자신이 수행해야 할 자기개발 방법을 명확하고 구체적으로 수립하면 집중적이고 효율성 있게 노력할 수 있고, 이에 대한 진행 과정도 쉽게 파악할 수 있다. 예를 들어 '영어 공부하기'라는 추상적인 방법보다 '1시간 일찍 출근해서 매일 영어 공부하기'처럼 구체적인 방법으로 계획하는 게 좋다. 따라서 A에게 할 수 있는 조언으로 가장 적절한 것은 ④이다.

| 오답풀이 |

① 자신을 브랜드화하는 방법은 단순히 자신을 알리는 것을 넘어 자신을 다른 사람과 차별화하는 특징을 밝혀내고 이를 부각시키기 위해 지속적으로 자기개발을 하며 알리는 것을 의미하는데, A에게 할 수 있는 조언으로는 적절하지 않다.

② 사람은 많은 인간관계를 맺고 살아가고 있기 때문에 인간

관계를 고려하지 않고 자기개발 계획을 수립하면 계획을 실행하는 데 어려움을 겪게 되며, 다른 사람과의 관계를 발전시키는 것도 하나의 자기개발 목표가 될 수 있지만, A에게 할 수 있는 조언으로는 적절하지 않다.

③ 직업인이라면 현재의 직무와 관계된 일을 계속하든 전혀 새로운 일을 탐색하여 수행하든 현재의 직무상황과 이에 대한 만족도가 자기개발 계획을 수립하는 데 중요한 역할을 담당하게 되지만, A에게 할 수 있는 조언으로는 적절하지 않다.

⑤ A는 자기개발에 대한 계획을 수립하는 데 영역을 광범위하게 설정하고 큰 그림을 그리듯이 추상적으로 목표를 정하여 코앞에 닥친 일을 처리하는 데 대부분의 시간과 노력을 쏟고 있기 때문에 지금보다 다양한 활동을 병행할 경우 자기개발이 더욱 힘들어질 것이므로 A에게 할 수 있는 조언으로는 적절하지 않다.

40 자기개발능력   정답 | ②

해설 • 을: 자기개발을 학교 단계에서 이루어지는 교육이라고 생각하거나 어떤 특정한 사건이나 요구가 있을 때 일시적으로 이루어지는 과정이라고 생각하는 경우도 있으나, 자기개발은 평생에 걸쳐서 지속적으로 이루어지는 과정이므로 적절하지 않다.

• 병: 자기개발에서 개발의 주체와 객체는 모두 자기 자신이므로 적절하지 않다. 개발의 주체와 객체가 모두 자기 자신이라는 측면에서 자기개발은 자신의 능력, 적성, 특성 등을 이해하고, 목표성취를 위해 스스로를 관리하며 개발하는 것으로 이해될 수 있다.

| 오답풀이 |
• 갑: 직업생활에서의 자기개발은 효과적으로 업무를 처리하기 위해, 즉 업무의 성과를 향상시키기 위해 이루어지므로 적절하다.
• 정: 자기개발에 있어서 자기관리는 매우 중요한 요소로, 자신의 내면과 시간, 생산성을 관리하는 등의 자기관리는 좋은 인간관계의 형성과 유지의 기반이 되기도 하므로 적절하다.
• 무: 자기개발은 개별적인 과정으로서 사람마다 자기개발을 통해 지향하는 바와 선호하는 방법 등이 다르기 때문에 개인은 자신에 대한 이해를 바탕으로 자신에게 알맞은 자기개발 전략이나 방법을 선정해야 하므로 적절하다.

41 시간관리능력   정답 | ②

해설 주어진 글에서는 퇴근 이후의 시간 등 개개인이 자유롭게 활용할 수 있는 쉬운 시간대를 계획적으로 잘 활용하면 시간의 가치를 극대화할 수 있다고 설명하고 있다. 시간은 누구에게나 같은 양이 주어지지만 어떻게 사용하느냐에 따라, 얼마나 밀도 있게 사용하느냐에 따라 그 가치는 달라진다.

따라서 주어진 글에서 파악할 수 있는 시간자원의 특성으로 가장 적절한 것은 ②이다.

42 인적자원관리능력   정답 | ④

해설 직원별로 지급받는 성과급을 계산하면 다음과 같다.

구분	부서 지급률	근무기간	점수 총합	개인 지급률	성과급
A	200%	4개월	170	90%	504만 원
B	250%	1년 2개월	182	100%	575만 원
C	250%	6개월	188	120%	540만 원
D	300%	2년 2개월	170	100%	810만 원
E	250%	1년 8개월	186	120%	660만 원
F	250%	9개월	166	90%	540만 원
G	150%	11개월	166	90%	257만 원
H	300%	1년 5개월	192	140%	1,218만 원
I	150%	2년 3개월	176	100%	300만 원
J	200%	2년 1개월	164	80%	416만 원
K	150%	1년 7개월	190	120%	378만 원
L	250%	1년 3개월	186	100%	625만 원

따라서 G와 K가 지급받는 성과급의 합은 $257+378=635$(만 원)이다.

43 인적자원관리능력   정답 | ②

해설 개인별 평가등급이 3등급인 직원은 점수 총합이 5~8등에 해당하는 직원으로 B, D, I, L이다.
이들이 지급받는 성과급 합은 $575+810+300+625=2,310$(만 원)이다.

구분	부서 지급률	근무기간	점수 총합	개인 지급률	성과급
B	250%	1년 2개월	182	100%	575만 원
D	300%	2년 2개월	170	100%	810만 원
I	150%	2년 3개월	176	100%	300만 원
L	250%	1년 3개월	186	100%	625만 원

| 풀이 TIP |

해당 문제의 경우 모든 사람의 성과급을 계산할 필요 없이, [모든 사람의 점수 총합 계산 → 등급 및 개인 지급률 확인 → G와 K의 성과급 계산 → 3등급인 직원의 성과급 계산] 과정만 거쳐도 두 문제 모두 정답을 찾을 수 있다. 따라서 문제를 읽고 계산이 필요한 부분을 먼저 정리한 후에 계산하면 문제 풀이 시간을 단축할 수 있다.

44 정보능력   정답 | ②

해설 '재해자의 구체적인 직무 및 근로조건, 사망 경위, 근무환경, 안전장비 지급여부, 시설물관리현황, 사고발생 장소 및 시간'은 정보 작성을 위해 필요한 데이터로, 아직 특정의 목적에 대하여 평가되거나 가공되지 않은 객관적 상태의 숫자나 문자들의 단순한 나열 상태인 '자료'에 해당한다. 따라서 정답은 ②이다.

| 오답풀이 |

①, ⑤ 정보에 해당하는 설명이다.

③, ④ 지식에 해당하는 설명이다.

45 정보처리능력(코드)   정답 | ②

해설 신월성 2호기는 행정구역상 경북에 위치하고 있으므로 행정구역 코드는 22이다. 신월성은 지역 코드가 LAK이며, 2호기이므로 코드는 ND이다. 또한, 신월성 2호기의 용량이 100만kW이므로 용량코드는 PW, 가압경수로이므로 원자로형 코드는 G1365가 된다. 마지막으로 상업운전일이 2015년으로 2000년대 이후이므로 상업운전일 코드는 YO가 된다. 따라서 신월성 2호기의 분류 코드는 22LAKNDPWG1365YO이다.

46 정보처리능력(코드)   정답 | ①

해설 분류 코드 20LABNDPUG1365YE에 해당

하는 원자력 발전소는 행정구역상 부산(20)에 위치하는 고리(LAB) 2호기(ND)이다. 고리 2호기는 용량 65만kW(PU)의 가압경수로(G1365)이며 상업운전일이 1983년으로 1980년대(YE)이다. 따라서 분류 코드 20LABNDPUG1365YE에 해당하는 원자력 발전소는 고리 2호기이다.

47 기술능력   정답 | ⑤

해설 OJT를 활용하여 기술교육을 받는 것은 '기술'이 아닌, '기술능력'을 발전시키는 방법이다. 기술능력을 향상시키기 위해서는 먼저 대상(도구, 기계), 과정(설계와 물질의 변형), 지식(방법, 기법), 그리고 의지(대상, 과정 및 지식을 연결하는 목적, 의도, 선택)를 이해해야 한다. 그리고 자신이 소속된 직장의 특성과 환경을 고려하여 어떠한 방법으로 기술능력을 향상시킬 것인지에 대한 방법을 고려해야 한다.

48 기술능력   정답 | ①

해설 기술능력이 뛰어난 사람은 주어진 한계 속에서, 제한된 자원을 가지고 일한다. 열악하고 불충분한 상황을 불평하고 회피하기보다는 자신의 기술능력을 믿고 어떻게든 주어진 환경 속에서 문제를 해결하려는 능력을 보유한 사람을 말한다.

| 오답풀이 |

③ 기술능력을 갖는다는 것은 구체적인 일련의 장비 중 하나를 수리하는 사람으로서 전문가만을 의미하는 것은 아니며, 금융전문가나 서비스업 종사자 등 모든 직업인에게 요구되는 자질이므로 적절하다.

④ 기술능력은 기술을 사용하고 운영하고 이해하는 능력까지 포함하므로 적절하다.

| 풀이 TIP |

• 기술능력이 뛰어난 사람의 특징
  - 실질적 해결이 필요한 문제를 인식한다.
  - 인식된 문제를 위해 다양한 해결책을 개발하고 평가한다.
  - 실제적 문제를 해결하기 위해 지식이나 기타 자원을 선택하고 최적화하여 적용한다.
  - 주어진 한계 속에서 그리고 제한된 자원을 가지고 일한다.
  - 기술적 해결에 대한 효용성을 평가한다.
  - 여러 상황 속에서 기술의 체계와 도구를 사용하고 배울 수 있다.

해설 AIIB(Asian Infrastructure Investment Bank)는 아시아 지역의 인프라 건설에 필요한 자금 지원을 목적으로 중국이 설립 제안한 국제금융기구이다. 2019년 7월 기준 회원국 100개국을 돌파했다. 총 자본금의 한도는 1,000억 달러로 예정되어 있으며, 출자금과 의결권은 참여국의 GDP 규모에 맞춰 결정한다. 주로 선진국이 주도하는 기존 다자 개발은행에 불만을 가진 국가가 참여를 선언하고 있으며, 한국은 2015년 3월 AIIB 참여를 결정하여 4월 창립 회원국으로 확정되었다.

| 오답풀이 |

① APEC(Asia−Pacific Economic Cooperation): 아시아·태평양 지역의 경제 협력 증대를 목표로 한 세계 최대의 지역 협력체

③ IBRD(International Bank for Reconstruction and Development): 세계 은행이라고도 불리며, 저개발 국가에 발전 자금을 지원하는 UN 산하의 국제 금융 기관

④ ADB(Asian Development Bank): 아시아·태평양 지역의 경제 개발과 협력, 역내 개발도상국의 경제 발전을 지원을 목적으로 설립된 아시아 개발 은행

⑤ OECD(Organization for Economic Cooperation and Development): 회원국 상호 정책 조정 및 협력을 기반으로 세계 경제의 공동 발전과 성장, 개발도상국 원조, 통상 확대를 주요 목적으로 인류의 복지 증진을 도모하는 경제 협력 개발 기구

해설 우수한 인재를 채용하고자 하는 등의 기본 방침을 설정하는 일은 조직 경영자로서의 역할이라 할 수 있으나, 그에 따른 구체적인 채용 기준을 마련하는 일은 해당 산하 조직의 역할이라고 볼 수 있으므로 가장 적절하지 않다.

| 풀이 TIP |

민츠버그(Mintzberg)는 경영자의 역할을 대인적, 정보적, 의사결정적 활동의 3가지로 구분하였다. 대인적 역할은 상징자 혹은 지도자로서 대외적으로 조직을 대표하고, 대내적으로 조직을 이끄는 리더로서의 역할을 의미한다. 정보적 역할은 조직을 둘러싼 외부 환경의 변화를 모니터링하고, 이를 조직에 전달하는 정보전달자의 역할을 의미한다. 의사결정적 역할은 조직 내 문제를 해결하고 대외적 협상을 주도하는 협상가, 분쟁조정자, 자원배분자로서의 역할을 의미한다.

MEMO

월간NCS 실전모의고사

감독확인란

수험번호

수	험	번	호

⓪①②③④⑤⑥⑦⑧⑨
⓪①②③④⑤⑥⑦⑧⑨
⓪①②③④⑤⑥⑦⑧⑨
⓪①②③④⑤⑥⑦⑧⑨
⓪①②③④⑤⑥⑦⑧⑨
⓪①②③④⑤⑥⑦⑧⑨

출생(생년을 제외한) 월일

⓪①②③④⑤⑥⑦⑧⑨
⓪①②③④⑤⑥⑦⑧⑨
⓪①②③④⑤⑥⑦⑧⑨
⓪①②③④⑤⑥⑦⑧⑨

성 명

01	① ② ③ ④ ⑤
02	① ② ③ ④ ⑤
03	① ② ③ ④ ⑤
04	① ② ③ ④ ⑤
05	① ② ③ ④ ⑤
06	① ② ③ ④ ⑤
07	① ② ③ ④ ⑤
08	① ② ③ ④ ⑤
09	① ② ③ ④ ⑤
10	① ② ③ ④ ⑤
11	① ② ③ ④ ⑤
12	① ② ③ ④ ⑤
13	① ② ③ ④ ⑤
14	① ② ③ ④ ⑤
15	① ② ③ ④ ⑤
16	① ② ③ ④ ⑤
17	① ② ③ ④ ⑤
18	① ② ③ ④ ⑤
19	① ② ③ ④ ⑤
20	① ② ③ ④ ⑤
21	① ② ③ ④ ⑤
22	① ② ③ ④ ⑤
23	① ② ③ ④ ⑤
24	① ② ③ ④ ⑤
25	① ② ③ ④ ⑤
26	① ② ③ ④ ⑤
27	① ② ③ ④ ⑤
28	① ② ③ ④ ⑤
29	① ② ③ ④ ⑤
30	① ② ③ ④ ⑤
31	① ② ③ ④ ⑤
32	① ② ③ ④ ⑤
33	① ② ③ ④ ⑤
34	① ② ③ ④ ⑤
35	① ② ③ ④ ⑤
36	① ② ③ ④ ⑤
37	① ② ③ ④ ⑤
38	① ② ③ ④ ⑤
39	① ② ③ ④ ⑤
40	① ② ③ ④ ⑤
41	① ② ③ ④ ⑤
42	① ② ③ ④ ⑤
43	① ② ③ ④ ⑤
44	① ② ③ ④ ⑤
45	① ② ③ ④ ⑤
46	① ② ③ ④ ⑤
47	① ② ③ ④ ⑤
48	① ② ③ ④ ⑤
49	① ② ③ ④ ⑤
50	① ② ③ ④ ⑤

수험생 유의사항

(1) 아래와 같은 방식으로 답안지를 바르게 작성한다.
[보기] ① ② ③ ● ⑤
(2) 성명란은 왼쪽부터 빠짐없이 순서대로 작성한다.
(3) 수험번호는 각자 자신에게 부여 받은 번호를 표기하여 작성한다.
(4) 출생 월일은 출생연도를 제외하고 작성한다.
(예) 2002년 4월 1일은 0401로 표기한다.